인공지능
수업 혁명

인공지능

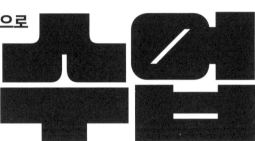

초등 프로젝트 수업으로
만나는 AI 교육

신정 지음

수업

혁명

포르*체

2022 개정 교육과정에서 만나는 인공지능

내가 학교에 다니던 10년 전과 비교해 보면 세상은 너무 많이 달라졌다. 얼마 전 약속 장소로 향하는 택시 안에서 기사님께서 도착지를 음성으로 말해달라고 하셨다.

"○○백화점으로 가 주세요."

그러자 기사님이 아닌 내비게이션이 "네, 도착지까지 안내하겠습니다."라고 대답했다. 기사님께서 웃으시며 말씀하셨다.

"세상 참 좋아졌죠?"

나도 덩달아 같이 웃었다. 출근길에는 인공지능 기술을 통해 손 하나 까딱하지 않고 내 취향의 노래를 들을 수 있고, 메타버스에서 화상 회의를 하며, 카페에서 로봇이 제조한 커피를 마시는 시대가 왔다. 이제는 아이디어가 필요할 때 머리를 싸매고 고민할 필요 없이 챗GPT에게 물어보면 바로 알 수 있다. 참 편한 세상이다.

코로나19로 인해 교육 현장도 많이 변화하였다. 스마트 기기를 사용해 수업 내용을 공유하고 모둠 활동 시 온라인으로 협업하여 산출물을 제작한다. 부산의 경우 교실마다 전자 칠판이 구비되어 있고, 초등학교 고학년의 경우 한 명당 스마트 기기 한 대씩을 가지고 수업을 한다. 학교에 오지 못하는 학생도 집에서 수업에 참여할 수 있으며, 학생들이 어디에 있든 기기 하나로 자신의 생각을 동시에 표현할 수 있다.

그러나 지구촌에 있는 모든 사람이 기술의 발전으로 행복을 느낄 수 있는 것은 아니다. 지금도 환경 오염은 지속되고 있으며, 빈곤 문제, 인권 문제, 인구 문제 등으로 아파하고 있는 사람이 있다. 이는 우리의 실생활 문제가 될 수도 있으며, 국어, 사회 등 여러 교과의 '내용(Content)'이기도 하다. 디지털 기술이 발달하는 만큼, 그 기술을 세계 문제를 해결할 방안으로 활용할 줄 알아야 한다. 또 디지털 기술이 발달함에 따라 인류가 나아가야 할 방향성에 대해 생각해야 한다.

그렇다면 어떻게 우리가 마주하는 실생활 문제들을 디지털 기술을 사용하여 해결할 수 있을까? 디지털 기술을 사용자(User)로서 받아들이기만 하는 것이 아닌, 나 스스로의 필요에 따라 창조할 수는 없을까(Creator)? 그리고 내가 창조한 산출물이 나뿐만 아니라 이 세상에 좋은 영향을 줄 수 있다면 얼마나 좋을까? 아무리 기술이 발달하더라도, 인공지능이 질 좋은 정보를 제공하더라도, 우리 인류에 가장 적합한 해결책을 결정할 수 있는 것은 결국 우리, '인간'이다.

그렇기에 학교는 학생들이 스스로 문제를 인식하고, 그에 맞는 창의적인 아이디어를 나눔으로써 세상을 좋은 방향으로 변화시킬 수 있는 역량을 기르도록 해야 한다. 이는 2022 개정 교육과정에서 요구하는 인재상(자기주도성, 창의와 혁신, 포용성과 시민성)이기도 하다.

현재 학교에서 진행되는 인공지능 교육은 단편적이거나 일시적인 경우가 많다. 또한 대부분 그 내용이 실생활과 관련이 없어 학생들은 수업 후 배운 내용을 활용하는 데 어려움을 느낀다. 따라서 교과서와 생활 속에서 만나는 문제를 학생들이 스스로 찾고(자기주도성), 그것을 해결할 수 있는 창의적인 방법을 함께 탐색하여(창의와 혁신), 그 방법을 나눌 수 있는(포용성과 시민성) AI 프로젝트 수업을 고안하였다.

1장에서는 AI 프로젝트 수업의 중요성과 본 수업을 함께한 학생의 이야기를 다룬다. 2장과 3장에서는 AI 프로젝트 수업의 상세한 내용을 다뤄 실제 수업에 적용할 수 있도록 소개하였고, 4장에서는 AI 프로젝트 수업 외에 교실에서 만날 수 있는 미래 교육에 대해 설명한다. AI 프로젝트 수업으로 홈페이지 로그인도 어려워했던 학생들이 다양한 프로그램을 개발하고 대회에서 입상한 만큼, 본 책의 내용이 실생활과 함께하는 미래 교육을 만들어가는 데 도움이 되길 바란다.

목차

1장

AI 프로젝트 수업

한 학급의 담임교사로서 소프트웨어 교육을 진행한 결과 2가지 문제를 마주하게 되었다. 하나는 소프트웨어 교육의 시수 부족이었고, 다른 하나는 코딩 수업의 소재가 실생활과 연계되지 못한다는 점이었다. 실과(정보) 교과 속 코딩 수업이 끝나도 어딘가 찜찜한 기분을 지울 수 없었다.

프로젝트 수업을 고안한 이유가 바로 여기에 있다. 학생들의 삶과 가까운 인공지능 교육이 필요하다고 느꼈다. 학생들이 접할 수 있거나 생각해보아야 할 실생활의 다양한 문제를 교과서에서 찾아 수업이 끝난 뒤에도 배운 내용을 활용할 수 있도록 하였다.

선생님이나 책을 따라 학습하는 수업과는 작별 인사를 해야 할 시간이다. 학생들이 스스로 문제 상황을 인식하고, 해결 방안을 찾아 공유하는 프로젝트 수업을 해보는 것은 어떨까? 학생들은 자신의 창의적인 아이디어로 더 행복한 세상을 만들기 위해 인공지능 기반 프로그램을 활용할 수도, 직접 개발할 수도 있다.

프로젝트 수업의 주제를 선정하기 위해 교과서 속 여러 차시를 주제별로 모았다. 예를 들어, 환경 교육을 주제로 여러 과목의 차시와 단원을 묶어 다음과 같은 프로젝트 수업을 만들 수 있다.

교과	차시	학습 내용
국어	1	책 《고릴라는 핸드폰을 미워해》*를 읽고 느낀 점 공유하기
수학	2	우리나라 연평균 기온 그래프를 해석하여 기온 변화 파악하기
실과	3~4	100년 후 우리나라 연평균 기온 예측 프로그램 만들기
사회	5	우리가 해결해야 할 환경 문제에는 무엇이 있을지 토의하기
미술	6~7	환경 보호 홍보 영상 제작하기
창체	8	그린 에코 데이(Green Eco Day) 발표회 열기

환경 교육 프로젝트 수업의 주제가 되는 교과 내용

그중 인공지능 기술이 사용되는 부분을 간추려 보면 다음과 같다.

환경·지속 가능 발전 교육 (생태 전환 교육)	우리나라 연평균 기온 그래프를 해석하여 기온 변화 파악하기
	100년 후 우리나라 연평균 기온 예측 프로그램 만들기

인공지능 기술을 활용할 수 있는 교과 내용

환경 교육 이외에도 진로 교육, 인권 교육, 안전 교육, 인성 교육, 민주 교육, 경제 교육, 다문화 교육, 독도 교육을 주제로 AI 프로젝트 학습을 진행할 수 있는 방법을 소개하고자 한다.

본 프로젝트 수업 내의 프로그래밍 교육은 블록형 프로그래밍 언어인 엔트리(Entry)를 기반으로 한다. 고등학교의 경우, 엔트리를 활용해도 좋고 본 책에 나오는 소재만 활용한 채 다른 언어를 사용하여 수업을 진행해도 좋다.

* 박경화, 《고릴라는 핸드폰을 미워해》, 북센스, 2011.

총 9개의 학습 주제로 이뤄진 프로젝트 수업을 진행하면서 학생들은 다음과 같이 말하기 시작했다.

"선생님, 사람들이 상처를 제때 치료할 수 있도록 프로그램을 만들어 보려고 해요!"
"선생님, 유해 물질이 방출되는 작업실에 사람이 인식되면 경고하는 프로그램을 개발해보면 어떨까요?"

더 행복하고 안전한 사회를 만들기 위해 학생들이 스스로 문제를 찾고, 인공지능 기술을 이용한 프로그램을 직접 만들기 시작한 것이다. 수업이 끝나면 곧장 집이나 학원에 가던 학생들이 하나둘 방과 후와 주말, 방학에도 모여 프로그램을 만들기 시작했다. 학급 내, 학년 내 여러 친구가 머리를 맞대 자신의 독창적인 생각을 나누고 다른 친구의 생각을 듣는 환경이 조성되었다. 자연스레 학생들의 컴퓨팅 사고력과 문제 해결 능력이 향상되었고, 친구 관계, 선생님과 학생의 관계, 그리고 학급 분위기가 더욱 좋아졌다.

현재 초등학교 교육과정에서는 6학년 실과(정보) 교과에서만 프로그래밍 교육이 이뤄지고 있다. 다양한 인공지능 기반 프로그램을 체험하거나 새로운 프로그램을 개발하기에 턱없이 시간이 부족하다. 창의적 체험활동 시수를 활용하여 소프트웨어 교육의 시수를 늘리려는 시도도 있다. 하지만 범교과 학습 주제를 중심으로 가르쳐야 하는 내용 또한 많아 소프트웨어 교육 시수의 증배가 쉽지 않다. 중고등학교도 별반 다르지 않다. 학생들이 소프트웨어 교육을 받을 수 있는 시간은 턱없이 부족하다. 따라서 AI 프로젝트 수업에서 학생들이 사용하거나 개발하는 프로그램의 내용을 실생활과 관련된 주제로 다양한 교과에서 가져오고자 하였고, 프로그래밍과 같은 기술적 실습을 실과(정보) 교과나 창의적 체험활동에서 최대한 진행할 수 있도록 하였다.

모든 것이 각자의 개성에 맞게 개인화되어가고 있다. 학생들 또한 나만의 무언가가 생길 때 흥미를 느낀다. 그래서 단원이 끝날 때마다 배운 내용을 '나의' 또는 '우리의' 무언가로 창조(Make)하는 시간을 가지고자 하였다. 또한, 그렇게 창조한 것을 지속 가능한 발전의 방향으로 공유하고자 하였다.

4차 산업혁명 시대, 다양한 기술이 발전하고 이에 따라 복잡한 사회 문제가 더 많이 발생하고 있다. AI 프로젝트 수업은 학생들이 스스로 사회 문제를 인식하고, 디지털 기술을 이용하여 문제를 해결할 수 있다는 사고를 일깨워준다. 이러한 사고를 확장하는 수업이야말로 학생들의 자기주도학습 능력, 창의성, 그리고 포용성과 시민성을 기를 수 있지 않을까? 학생들은 자신의 필요에 맞게 이미지 인식, 음성 인식, 데이터 예측 등 인공지능 기술을 활용한 프로그램을 만들 수 있다. 본 책에서 그 수업 과정을 차례로 설명하고자 한다.

3   AI 프로젝트 수업을 받은 학생의 이야기

컴퓨터 타자가 100타 남짓이었던 내가 코드를 하나씩 만들어 프로그램을 완성하고, 컴퓨터로 내가 원하던 답을 찾을 수 있게 되었다. 내가 필요로 하거나 다른 사람에게 도움이 되는 프로그램을 직접 개발하고 실행하며 새로운 영향을 만드는 과정은 나를 즐겁게 했다.

프로젝트 수업을 하며 여러 주제에 대한 아이디어를 모으고 프로그램을 개발했다. 컴퓨터와 친하지 않았던 나지만 코딩을 시작하면서 컴퓨터에 대한 흥미가 생겼다. 처음에는 간단한 코드만을 조립했지만, 프로젝트 수업이 진행되며 모터와 여러 가지 센서들을 더한 복잡한 프로그램도 개발할 수 있게 되었다. 그 결과, 친구들과 함께 3D 프린터가 켜질 때 환풍기를 자동으로 작동시키는 로봇을 개발하였고 이 작품으로 부산광역시 AI 기반 프로젝트 경진대회에서 수상까지 할 수 있었다. 프로젝트 수업을 통해 나는 프로그래밍에 불이 붙었고, 그 불은 4차 산업혁명, 빅 데이터, 인공지능 등의 주제까지 번져, 어느 순간부터는 내가 직접 그 주제들에 몰두해서 공부까지 하고 있었다. 그중에서도 인공지능 관련 분야는 내가 좋아하는 로봇과 연계할 수 있는 부분이 많아 더 흥미가 솟구쳤다.

프로젝트 수업으로 생긴 가장 큰 변화는 나의 장래 희망이다. 나는 어릴 때부터 지금까지 레고를 좋아해 어른이 되면 '레고 공인 작가'라는 직업을 꿈꿀 정도였다. 그런데 프로그래밍을 공부하고, 다양한 주제로 프로그램을 직접 만들며 레고라는 크고 넓은 주제 속에 인공지능을 넣어 더 멋진 미래를 만들어보고 싶다는 생각이 들었다. 예를 들어 EV3와 호환되는 인공지능 모니터 등을 개발하여 전문가뿐만 아니라 어린아이들도 인공지능을 더 쉽게 접하고 흥미를 느낄 수 있도록 하고 싶다.

프로젝트 수업의 가장 큰 장점은 생각이나 아이디어를 창출하는 능력을 키우고 개개인의 아이디어를 서로가 피드백해 줄 수 있다는 점일 것이다. 특히 나는 모둠 활동에서 배운 것이 가장 많다. 모둠원들이 아이디어를 모아서 주제에 대한 하나의 해결 방법을 생각해내고 코드를 설계한다. 컴퓨터를 잘하는 친구도, 코딩이나 컴퓨터 프로그램을 처음 접하는 친구도, 모두 함께 아이디어를 내고 서로에게 배울 수 있다는 것이 너무 좋았다. 프로그래밍이 생소한 친구는 선생님의 설명뿐만 아니라 프로그래밍을 잘하는 친구의 설명에서 도움을 얻을 수 있고, 아이디어가 많은 친구는 다른 친구들에게 자기 아이디어를 마음껏 표현할 수 있다. 데이터 정리를 잘하는 친구는 토의에서 나온 이야기를 한 눈에 정리할 수 있다.

컴퓨터 안에서 결과를 도출하기도 하고, 다른 교구나 로봇 등 하드웨어와 연결하여 원하는 결과를 창출하기도 한다. 프로그램을 개발하기 위해서는 '나'를 표현하고, '친구'의 생각을 들으며, '우리'의 영향력이 전달될 옳은 방향을 잡을 수 있는 능력이 필요하다. 특히나 미래 사회에서는 프로그램을 개발하는 능력만이 아니라 그 프로그램이 사회에 어떤 영향을 주는지 생각하는 능력이 더 중요해질 것이다. 나는 초등학교 6학년 때 함께했던 프로젝트 수업에서 이 능력을 기를 수 있었다.

학교에서 AI 프로젝트 수업이 더 대중화되었으면 한다. 초등학교를 졸업하고 중학교에 입학한 지금, 인공지능이나 프로그래밍과 관련된 수업이 적다는 생각이 든다. 인공지능 프로그래밍은 지금 학생인 내 또래들이나 선후배들이 미래 사회에서 살아가는 데 꼭 필요한 요소일 것이다. 프로그래밍으로 할 수 있는 것은 무궁무진하기 때문이다. 개인적인 의견이지만 학교 과목에 프로그래밍이 생기면 좋겠다는 생각이 들 정도이다.

나는 그저 레고를 좋아하던 학생이었다. 레고를 그냥 취미로, 좋아하는 것으로만 생각하다가 내가 가장 존경하는 선생님을 만나 프로젝트 수업을 하면서, 그것들이 내 꿈이 되고 미래가 되었다. 다양한 주제의 프로젝트 수업과 우리가 개발한 프로그램들, 이를 악물고 참가했던 대회와 행사에서 펼친 우리의 영향력, 이 모든 것이 내가 미래를 향한 계단에 한 칸씩 오를 수 있게 도와주었다. 프로젝트 수업처럼 질문에 대한 해답을 찾고 그 답을 자신의 것으로 만들어 나가는 과정은 정말 뜻깊고 가치 있는 일이라고 생각한다. 프로젝트 수업으로 나는 단순히 인공지능과 코딩만을 배운 것이 아닌, 내가 나아가야 할 방향과 미래를 더 잘 아는 방법을 배웠다. 그리고 나만의 아이디어를 더 빛나게 할 수 있는 사람이 되었다. AI 프로젝트 수업은 지금도 내 가슴 깊이 선명하게 남아있는 수업이다.

2장

교실에서 만나는
AI 프로젝트 수업: 기초

진로 교육에서 만나는 AI 프로젝트 수업

- 관련 교과: 국어, 실과(정보), 창의적 체험활동
- 탐구 질문: 책 속의 인물에게 얻은 깨달음을 바탕으로 우리는 어떤 꿈을 꿀 수 있을까?
- 인공지능 요소: 텍스트 음성 변환

스마트폰 속 짧은 동영상, 흘러나오는 빠른 음악, 지루한 부분을 넘겨버리는 습관. 무엇인가를 진심으로 꿈꾸기에는 '빠름'만을 요구하는 이 세상이 적합하지 않은 것 같다. 하지만 우리에게도 세상이 느리게 흘러가는 순간이 있다. 바로 '좋아하는 책을 읽을 때'다.

학생들도 특히 좋아하는 인물이 나오는 책을 읽을 때면 숨소리만 들릴 정도로 조용해진다. 쪽 수 하나하나에 집중한다. 책 속 주인공과 함께 여행을 떠나보기도 하고, 내가 주인공이 된 듯 함께 울고 웃어보기도 한다.

어릴 적 반기문 유엔 사무총장의 책을 읽고 외교관을 꿈꾸곤 했다. 그 책을 읽으면 내가 마치 외교관이 된 것만 같아 책을 달달 외울 정도로 읽고 또 읽었다. 이처럼 누구에게나 첫사랑이 있듯 좋아하는 책, 그리고 내가 좋아했던 책 속 주인공이 있기 마련이다.

학생들에게 "너희의 꿈은 뭐야?"라고 물었을 때 많은 학생들은 눈을 피하거나 다음과 같은 대답을 한다.

"백수요! 아니다, 돈 많은 백수요!"

"건물주요!"

"저는 꿈 없는데요."

그럼 이렇게 되묻는다.

"책을 보면서 '나도 이렇게 되고 싶다!'라고 생각해 본 적이 한 번도 없을까? 내가 어릴 때부터 꿈꿨던 인물을 생각해 봐!"

학생들은 꿈이 없는 것이 아니다. 막연하게 꿈은 다가가기 어려운 것이라고 생각하는 것이다. 반드시 꿈이 있어야만 하는 것은 아니다. 하지만 꿈은 우리가 더 행복한 삶을 살아가는 데 큰 원동력이 되기도 한다.

다음은 좋아하는 책과 내가 꿈꿨던 인물을 통해 '나의 꿈'을 찾을 수 있도록 여러 과목의 단원과 차시를 재구성한 AI 프로젝트 수업의 예시이다.

범교과 학습 주제	차시	활동
진로 교육	1	나의 꿈에 영향을 준 책 속 인물 떠올리기
	2	나의 꿈에 영향을 준 책 속 인물을 소개하는 글 적기
	3~4	나의 꿈에 영향을 준 책 속 인물을 소개하는 인공지능 프로그램 만들기
	5	책 속 인물을 생각하며 우리의 꿈 나누기

진로 교육 AI 프로젝트 수업 학습 차시 구성

프로그래밍 수업 전 활동

[1차시: 나의 꿈에 영향을 준 책 속 인물 떠올리기]

자신이 좋아하는 책 또는 꿈과 관련된 책을 함께 읽은 후, 책을 국어 교과의 독서 단원과 연계하여 자신의 꿈에 영향을 준 책 속 인물을 정하고 그 이유를 생각하는 활동을 한다. 초등학교 6학년의 경우, 6학년 1학기 국어 8단원 '인물의 삶을 찾아서' 또는 6학년 2학기 국어 1단원 '작품 속 인물과 나'와 연계한다. 수업에 사용할 책으로 초등학교 고학년의 경우 6학년 2학기 국어 1단원 수록 도서인 《이모의 꿈꾸는 집》*을 추천한다. 여러 인물의 입장에서 행복한 꿈이란 무엇인지 깊게 생각해 볼 수 있는 책이다.

[2차시: 나의 꿈에 영향을 준 책 속 인물을 소개하는 글 적기]

'온책 읽기'로 읽었던 책이나 평소 자신의 삶에 영향을 줬던 인물이나 좋아하는 책에서 자신의 꿈에 영향을 준 책 속 인물을 정하였다면, 그 인물을 친구에게 소개하는 글을 적는다. 나의 꿈에 어떤 영향을 주었는지, 그 인물이 추구하는 가치관은 무엇인지에 대한 내용이 담겨있으면 좋다. 초등학교 6학년의 경우, 6학년 1학기 국어 8단원 '인물의 삶을 찾아서' 속 마지막 실천 차시에서 '나의 꿈에 영향을 준 책 속의 인물 소개서'를 만들 수 있다. 초등학교 3~5학년의 경우 독서 단원의 '읽기 후 활동'에서 본 차시를 진행할 수 있다. 종이에 인물 소개서를 적고 꾸밀 수도 있고, 구글 문서나 패들렛(Padlet)과 같은 에듀

---

*   정옥, 정지윤, 《이모의 꿈꾸는 집》, 문학과지성사, 2010.

테크를 이용해 작성한 인물 소개서를 친구들과 공유할 수도 있다.

프로그래밍 수업 진행
[3~4차시: 나의 꿈에 영향을 준 책 속 인물을 소개하는
인공지능 프로그램 만들기]

앞서 학생들이 적은 나의 꿈에 영향을 준 책 속 인물 소개서의 글은 다음 차시에서 이어질 인공지능 프로그래밍 수업의 내용에 해당된다. 초등학교 6학년의 경우 실과(정보) 교과에서, 3~5학년의 경우 창의적 체험활동 시간 또는 미술 교과의 캐릭터, 애니메이션, 컴퓨터 관련 단원에서 본 프로그래밍 수업을 할 수 있다. 중고등학생의 경우 정보 교과에서 본 수업이 이뤄질 수 있다.

실과(정보) 교과의 소프트웨어 학습을 포함한 모든 소프트웨어 교육에서 블록형 프로그래밍 언어인 엔트리를 처음 배울 때 학생들은 가장 먼저 프로그램의 순차 구조를 학습하게 된다. 본 차시와 관련하여 학생들은 배경과 오브젝트를 설정해 아주 간단한 프로그램을 만들며 프로그램의 순차 구조를 익힐 수 있다. 이전 차시에서는 나의 꿈에 영향을 준 책 속의 인물 소개서를 글로 작성해 보았다면 본 차시에서는 나의 꿈에 영향을 준 책의 인물을 소개하는 프로그램을 만들어 보는 것은 어떨까? 그것도 인공지능을 사용한 프로그램 말이다.

본 수업에 이용하는 프로그래밍 학습지는 다음과 같다.

책 속 인물 소개하기 | 아이디어 보드

책 제목, 캐릭터, 소개 내용을 포함하여 아이디어 보드를 작성해 봅시다.

화면 구성

필요한 오브젝트

예) 웃는 토끼	

순서도

1. 책( )속 인물( ) 소개하기(말풍선)	수정 내용	2. 책( )속 인물( ) 소개하기(음성)

진로 교육 AI 프로젝트 수업 내 프로그래밍 수업은 다음과 같이 진행한다.

순서

- -

1. 나의 꿈에 영향을 준 책 속의 인물 소개서를 바탕으로 책 속 인물이 자신을 소개하는 프로그램을 만들 수 있는 아이디어 보드(스토리 보드)를 작성한다. 독서 수업과 관련짓지 않았다면 책 속 인물이 아닌 나의 꿈을 소개하는 프로그램을 만들어도 좋다.

2. 프로그램의 화면을 프로그래밍 학습지의 '화면 구성' 칸에 그림으로 그린다.

3. 계획한 프로그램의 화면 구성을 바탕으로 필요한 배경과 오브젝트를 '필요한 오브젝트' 칸에 모두 적는다.

4. 각 오브젝트에 어떤 알고리즘이 필요한지 순서도를 작성한다.

5. 작성한 순서도를 바탕으로 프로그램을 만든다.

여기서 중요한 것은 인공지능 블록을 사용하여 책 속 인물 오브젝트가 음성으로 자신을 소개하는 프로그램을 바로 만드는 것이 아니라, 인공지능 블록을 사용하지 않고 말풍선으로 자신을 소개하는 프로그램을 먼저 만들도록 하는 것이다. 인공지능 교육은 소프트웨어 교육의 일부이기 때문에, 기존 기술을 사용한 프로그램을 만든 후 인공지능을 사용한 프로그램으로 발전시키는 것이 프로그래밍의 기초를 익히는 데 더 효과적이다.

프로그램 화면과 코드 예시

나의 꿈에 영향을 준 책 속의 인물을 소개하는 프로그램의 화면 예시는 다음과 같다. 책《이모의 꿈꾸는 집》에 등장하는 거위 '어기'를 주제로 삼아 학생이 만든 프로그램이다.

엔트리 프로그램 화면 예시

블록 메뉴	블록	
🔷 생김새	`안녕! 을(를) 말하기▼`	
🔺 흐름	`2 초 기다리기`	
AI 인공지능	`엔트리 읽어주기`	읽어주기

Tip!

`안녕! 을(를) 말하기▼` 와 `2 초 기다리기` 를 더한 블록 코드는

`안녕! 을(를) 2 초 동안 말하기▼` 로 대체할 수 있다

프로그램에서 사용하는 엔트리 핵심 블록

말풍선을 통해 인물이 자신을 소개할 수 있도록 거위 오브젝트에 사용한 프로그램 코드의 예시는 다음과 같다.

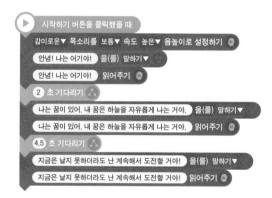

인공지능을 사용하여 같은 내용을 음성으로 읽어주는 프로그램의 코드 예시는 다음과 같다.

인공지능 텍스트 음성 변환 기능을 이용한 프로그램 코드 예시

위 코드 예시와 같이 기존 '말하기' 블록에 '읽어주기' 블록만 더하면 오브젝트가 말풍선뿐만 아니라 음성으로 자신을 소개하는 프로그램을 만들 수 있다.

프로그래밍 수업 후 활동

[5차시: 책 속 인물을 생각하며 우리의 꿈 나누기]

학생들이 각자 계획한 프로그램을 만들고 엔트리 학급에 공유한 후 발표하도록 한다. 발표 방법은 다양하다. 학급 학생 수가 적은 경우, 친구들 앞에서 발표를 해도 좋다. 학급 학생 수가 많은 경우, 모둠 내에서 프로그램을 소개하는 방식도 좋다. 발표 후 선생님과 친구들로부터 받은 피드백을 통해 프로그램을 수정하면 프로그램이 최종 완성된다. 이때 프로그래밍뿐만 아니라 '책 속 인물에게 얻은 깨달음을 바탕으로 우리는 어떤 꿈을 꾸어야 할까?'라는 주제에 대해 토의하며 친구들에게 좋은 영향을 준 책 속 인물에게 우리가 배울 수 있는 것은 무엇인지 생각하는 것이 가장 중요하다.

[심화 활동]

본 프로젝트 학습에 대한 시수 확보가 더 가능하다면 '꿈을 이룬 책 속 주인공의 모습' 또는 '내가 꿈꾸는 나의 미래' 등 학생들이 꿈과 관련하여 상상한 모습을 메타버스에 디자인해 보는 수업 또한 가능하다. 다음은 학생들이 코스페이시스 에듀(CoSpaces Edu)를 사용하여 책 《이모의 꿈꾸는 집》 속 인물들이 꿈을 이룬 모습을 디자인한 메타버스의 장면이다. 3D 프린터를 사용하여 제작한 메타버스를 현실 세계에 출력해 보며 나만의 드림 월드를 만들 수도 있다. 3D 프린터 활동에는 싱기버스(Thingiverse)와 틴커캐드(Tinkercad)를 사용하였다. 메타버스 제작과 3D 모델링 수업의 경우 지역 유관 기관의 도움을 받는 것도 추천한다.

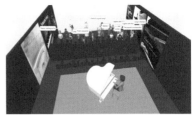

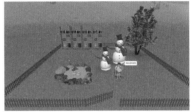

학생들이 직접 디자인한 메타버스

어기네 메타버스

상수리네 메타버스

진진네 메타버스

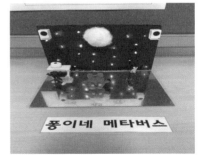

풍이네 메타버스

3D 프린터로 출력한 메타버스

- 관련 교과: 창의적 체험활동, 실과(정보)
- 탐구 질문: 시각 장애인도 편하게 이용할 수 있는 키오스크를 어떻게 만들 수 있을까?
- 인공지능 요소: 텍스트 음성 변환, 음성 인식

기술의 발달이 우리 사회에 미치는 좋은 영향 중 하나는 '기회의 제공'이다. 교육을 받기 어려운 환경에 있는 학생들도 인터넷으로 강의를 들을 수 있게 되었고, 외국에 직접 가지 않아도 해외 대학이나 회사에 화상 면접을 볼 수 있게 되었다.

기술의 발달은 장애인의 일상생활을 더 편하게 하는 데 도움이 되기도 한다. 로봇 기술은 거동이 불편한 사람의 팔과 다리가 되어주고, 사물 인식 기술은 시각장애인의 눈이 되어 주며, 음성을 글자로 바꾸는 기술은 청각장애인의 귀가 되어준다. 평소 학교에서 이뤄지는 장애 인식 개선 교육(창의적 체험활동 내 장애 인식 개선 교육뿐만 아니라 사회, 국어 등 여러 교과에서 장애 인식 개선 교육을 만날 수 있다.)에서 학생들과 장애인의 인권을 존중하는 데 사용할 수 있는 인공지능 기술도 함께 고민해 본다면 어떨까? 그 기술을 이용하여 장애인을 위한 프로그램까지 만들어 볼 수 있다.

다음은 더 많은 사람이 평등한 사회에서 살아가는 데 인공지능 기술을 어떻게 이용할 수 있을지 생각해 볼 수 있도록 여러 과목의 단원과 차시를 재구성한 AI 프로젝트 수업의 예시이다.

범교과 학습 주제	차시	활동
인권 교육	1	장애 인식 개선 교육 – 장애인 보조기구 및 장애인 편의시설 등의 접근성 이해하기
	2~3	시각장애인을 위한 인공지능 키오스크 프로그램 만들기

인권 교육 AI 프로젝트 수업 학습 차시 구성

본 프로젝트 학습은 창의적 체험활동과 실과(정보) 교과를 재구성하였기 때문에 실과(정보) 교과의 성취기준을 달성하는 것이 가장 중요시되어야 한다. 따라서 성취기준 '[6실04-10] 자료를 입력하고 필요한 처리를 수행한 후 결과를 출력하는 단순한 프로그램을 설계한다.'와 관련하여 학생들이 프로그램의 '입력'과 '출력'을 학습할 수 있게 하도록 '키오스크'를 주요 소재로 정하였다. 키오스크가 아니더라도 계산기 등 입력과 출력을 가르칠 수 있는 소재라면 모두 좋다. 초등학교 3~5학년의 경우 입력과 출력의 개념에 대해 학습하지 않더라도 '음성 인식' 기술이 드러날 수 있는 소재를 선택하면 본 프로젝트 수업을 함께할 수 있다.

프로그래밍 수업 전 활동

[1차시: 장애인 보조기구 및 편의시설의 접근성 이해하기]

신체 일부가 불편하다는 이유로 장애인이 차별받아서는 안 된다. 비장애인이 장애인에 대해 올바른 인식을 가지는 것이 중요한 만큼 장애인의 권리가 보장되지 않아 그들이 생활 속에서 불편함을 느끼는 사례도 고쳐나가야 한다. 일상생활 속에서 우리가 자주 사용하는 시설 또는 기구 중 현재 장애인이 사용하기에 불편한 시설이나 장비는 무엇이 있는지 조사한다.

프로그래밍 수업 진행

[2~3차시: 시각장애인을 위한 인공지능 키오스크 프로그램 만들기]

초등학교 6학년의 경우 실과(정보) 소프트웨어 단원에서 입력과 출력의 개념을 학습하여 간단한 입출력 프로그램을 만드는 차시가 있다. 해당 차시와 관련하여 본 프로젝트 수업에서는 간단한 키오스크 프로그램을 먼저 만들어 입력과 출력에 대해 이해한다. 그 후 앞서 토의했던 내용을 바탕으로 시각장애인도 사용할 수 있는 인공지능 키오스크 프로그램을 만든다.

[프로그래밍 학습지]

본 수업에 이용하는 프로그래밍 학습지는 다음과 같다.

키오스크 프로그램 만들기

아이디어 보드

어떤 제품을 판매하는 키오스크를 만들지 적어봅시다.

화면 구성

필요한 오브젝트

예) 웃는 토끼	

순서도

1. 기본 키오스크 프로그램 만들기	수정 내용	2. 시각장애인을 위한 키오스크 프로그램 만들기

인권 교육 AI 프로젝트 수업 내 프로그래밍 수업은 다음과 같이 진행한다.

순서

1. 어떤 가게에 어떤 물품을 판매하는 키오스크를 만들 것인지 마음껏 상상하며 키오스크 프로그램의 아이디어 보드를 작성한다.

2. 프로그램의 화면을 프로그래밍 학습지의 '화면 구성' 칸에 그림으로 그린다.

3. 계획한 프로그램의 화면 구성을 바탕으로 필요한 배경과 오브젝트를 '필요한 오브젝트' 칸에 모두 적는다.

4. 각 오브젝트에 어떤 알고리즘이 필요한지 순서도를 작성한다.

5. 작성한 순서도를 바탕으로 프로그램을 만든다.

진로 교육 AI 프로젝트 수업과 마찬가지로 인권 교육 AI 프로젝트 수업에서도 시각장애인을 위한 인공지능 키오스크 프로그램을 바로 만드는 것이 아니라, 우선 구매하고자 하는 물품을 입력했을 때 그 물품이 출력되는 기본 키오스크 프로그램을 먼저 만들어야 한다. 인공지능 교육은 소프트웨어 교육의 일부이기 때문에, 기존 프로그램을 만든 후 인공지능을 사용한 프로그램으로 발전시키는 것이 프로그래밍의 기초를 익히는 데 더 효과적임을 다시 한 번 강조한다.

프로그램 화면과 코드 예시

디저트를 파는 키오스크를 주제로 학생이 만든 키오스크 프로그램의 화면 예시는 다음과 같다.

엔트리 프로그램 화면 예시

블록 메뉴	블록	
? 자료	안녕! 을(를) 묻고 대답 기다리기 ?	입력
	대답	
✚━ **✖=** 계산	안녕! 과(와) 엔트리 를 합치기	
❖ 생김새	안녕! 을(를) 4 초 동안 말하기▼	출력

본 프로그램에서 사용하는 엔트리 핵심 블록

물품을 입력하면 해당 물품을 출력하는 기본 키오스크 프로그램을 만들기 위해 요리사 오브젝트에 사용한 코드의 예시는 다음과 같다.

기존 키오스크 프로그램(기본 입출력 프로그램) 코드 예시

'시작하기 버튼을 클릭했을 때' 블록이 프로그램의 시작을 나타낸다면, '모든 코드 멈추기' 블록은 프로그램의 종료를 나타내기 위하여 넣는다. '모든 코드 멈추기' 블록의 경우 반드시 넣어야 하는 것은 아니다.

기본 키오스크 프로그램을 만들었다면, 어떤 부분을 수정하여 시각장애인을 위한 인공지능 키오스크 프로그램을 만들 수 있을지 생각해 본다. 우선, 시각장애인은 앞을 보기 어렵기에 매장에 어떤 메뉴가 있는지 음성으로 안내되어야 한다. 또한, 메뉴를 선택하기 위해 화면을 누르거나 자판을 치기 어려울 수 있으므로 원하는 메뉴를 말하였을 때 그 음성이 인식되어야 한다.

기존 키오스크 프로그램	인공지능 키오스크 프로그램
메뉴를 사진과 글자로 안내한다	메뉴를 음성으로 안내한다
메뉴를 터치하여 주문한다	메뉴를 음성으로 주문한다

프로그램 업그레이드 내용

이를 바탕으로 만들 수 있는 시각장애인을 위한 인공지능 키오스크 프로그램에 사용할 핵심 블록은 다음과 같다.

블록 메뉴	블록	
 인공지능	음성 인식하기	오디오 감지
	음성을 문자로 바꾼 값	
 인공지능	엔트리 읽어주고 기다리기	읽어 주기
	여성▼ 목소리를 보통▼ 속도 보통▼ 음높이로 설정하기	
 계산	안녕! 과(와) 엔트리 를 합치기	

본 프로그램에서 사용하는 엔트리 핵심 블록

인공지능 기술을 활용한 키오스크 프로그램을 만들기 위해 요리사 오브젝트에 사용된 코드의 예시는 다음과 같다.

인공지능 음성 인식 블록을 활용한 키오스크 프로그램 코드 예시

기존 프로그램과 인공지능 프로그램의 코드를 비교해 보면 기본 코드의 구조는 비슷한 것을 알 수 있다.

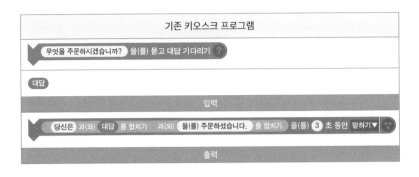

　기존 프로그램에서는 '무엇을 주문하시겠습니까?'를 글자로 물었다면 인공지능 프로그램에서는 '무엇을 주문하시겠습니까?'를 음성으로 읽어주도록 한다. 또한 기존 프로그램에서는 '무엇을 주문하시겠습니까?'에 대한 대답을 글자로 쳐야 하지만 인공지능 프로그램에서는 음성 인식을 통해 답할 수 있도록 하였다. 따라서 기존 프로그램에서의 '대답'이라는 변수가 인공지능 프로그램에서는 '음성을 문자로 바꾼 값'이라는 변수가 되는 것이다.

프로그래밍 수업 후 활동

[발표 및 배움 공유하기]

학생들이 개발한 프로그램을 엔트리 학급에 공유한 후 발표하도록 한다. 학생들이 각자 키오스크에 판매한 물건 또는 음식은 무엇인지, 키오스크 프로그램을 개발하기 위해 코딩 블록을 어떻게 사용했는지 살펴보는 것이 감상 포인트이다. 발표 후 선생님과 친구들로부터 받은 피드백을 통해 프로그램을 수정한다. 본 프로젝트 수업을 통해 학생들은 기술이 나아가야 할 방향성을 배우고 스스로가 사회에 줄 수 있는 영향력을 느낄 수 있다.

- 관련 교과: 체육, 창의적 체험활동, 실과(정보)
- 탐구 질문: 상처에 대한 응급 처치 방법을 바로 알 수 있는 프로그램을 어떻게 만들 수 있을까?
- 인공지능 요소: 이미지 인식, 이미지 분류

교육에 있어 '메타 인지적 지식'은 자기주도적 학습의 기본이다. 내가 아는 것과 모르는 것을 완벽히 인지하는 과정은 배운 지식을 활용하여 새로운 것을 창조할 때 가장 극대화된다. 본 프로젝트 학습의 핵심은 학생들이 체육 교과의 안전 단원에서 배운 응급 상처의 종류와 응급 처치 방법을 활용해 사회에 필요한 프로그램을 직접 개발하는 것이다. 체육 교과에서 학습한 내용을 프로그램으로 재창조하며 자신이 어떤 것을 알고, 어떤 것을 모르는지 깨닫는 메타 인지적 지식을 기를 수 있다.

2번째 프로젝트 수업까지 우리는 엔트리의 '인공지능 블록 불러오기' 기능만 사용하였다. 3번째 프로젝트 학습부터는 더 다양한 프로그램을 만들기 위해 '인공지능 모델 학습하기' 기능을 사용한다. 본 프로젝트 수업에서는 여러 인공지능 모델 중 이미지 분류 모델을 사용한다.

지도학습

분류: 이미지
업로드 또는 웹캠으로 촬영한 이미지를 분류할 수 있는 모델을 학습합니다.

엔트리의 이미지 분류 모델 기능

엔트리에서 이미지 분류 모델을 생성하는 방법은 다음과 같다.

1) 인공지능이 데이터를 분류해야 하는 기준에 따라 클래스(Class)를 나눈다. 예를 들어, 마스크 착용 여부를 확인해야 하는 경우, 마스크를 착용한 사람(클래스 1)과 착용하지 않은 사람(클래스 2)으로 클래스를 구분할 수 있다.

2) 클래스별로 이미지(사진, 그림) 데이터를 입력한다. 이때, 주의할 점은 모든 클래스의 이미지 개수가 비슷해야 한다는 것이다. 특정 클래스의 데이터만 너무 많은 경우, 인공지능이 편향성을 가져 이미지를 분류하는 정확도가 떨어진다.

3) 입력한 이미지가 명확할수록, 개수가 많을수록 정확도가 높아진다. 여기서 '명확한 이미지'란 해상도가 높은 사진뿐만 아니라, 그 클래스를 대표할 수 있는 사람 또는 물체의 '단독 이미지'를 말한다. 여러 사람 또는 물체가 동시에 나온 이미지보다 하나의 인물 또는 물체가 나온 이미지가 좋다.

4) 여러 관점에서 표현된 다양한 이미지가 입력되면 좋다. 예를 들어 마스크 착용 여부를 구분하는 경우, 얼굴 정면 이미지뿐만 아니라 측면 이미지도 입력한다. 또한, 남성과 여성의 이미지가 고루 입력되면 분류 정확도가 더욱 높아진다.

5) 각 클래스마다 5장 이상의 이미지 입력이 완료되면, '모델 학습하기'를 클릭한다. '결과' 창에서 학습한 인공지능 모델의 결과를 한 눈에 확인할 수 있다.

다음은 학생들이 체육 시간에 배운 응급 상처의 종류와 그에 따른 응급 처치 방법을 활용해 인공지능 응급 처치 방법 안내 프로그램을 만들 수 있도록 여러 과목의 단원과 차시를 재구성한 AI 프로젝트 수업의 예시이다.

범교과 학습 주제	차시	활동
사전 활동	1	카메라에 사람이 인식되면 멈추는 자동차 프로그램 만들기
	2	카메라에 손바닥을 비추면 출발하는 자동차 프로그램 만들기
안전· 건강 교육	3	야외 활동 시 일어날 수 있는 응급 상황과 응급 처치 방법 조사하고 발표하기
	4~5	응급 상황별 상처의 응급 처치 방법을 안내하는 인공지능 프로그램 만들기

안전·건강 교육 AI 프로젝트 수업 학습 차시 구성

사전 활동

순차, 반복, 선택 구조를 사용하여 카메라에 사람이 인식되면 멈추는 자동차 프로그램을 만든다. 이 프로그램에서 '비디오 감지' 블록을 사용할 수 있는데, '비디오 감지' 블록의 경우 사람, 얼굴, 사물 등이 미리 학습된 인공지능 엔진이 사용된다. '비디오 감지' 블록을 사용하여 카메라에 사람이 인식되면 멈추는 자동차 프로그램을 만드는 과정은 다음과 같다.

1) 자동차가 앞으로 나아가다 사람 오브젝트에 닿으면 멈추는 프로그램을 먼저 만든다. 본 프로그램을 만들 때도 앞선 프로젝트 수업들처럼 아이디어 보드를 작성하고, 오브젝트를 설정한 후, 순서도를 작성해본다.

사람에 닿으면 멈추는 자동차 프로그램의 화면 예시는 다음과 같다.

엔트리 프로그램 화면 예시

블록 메뉴	블록	
 흐름	계속 반복하기	반복
	만일 참 (이)라면	선택
	모든▼ 코드 멈추기	
판단	마우스포인터▼ 에 닿았는가?	

자동차 오브젝트에 사용된 코드 예시는 다음과 같다.

시작하기 버튼을 클릭했을 때
계속 반복하기
이동 방향으로 3 만큼 움직이기
만일 소녀(3)▼ 에 닿았는가? (이)라면
모든▼ 코드 멈추기

사람에 닿으면 멈추는 자동차 프로그램의 코드

2) 이번에는 카메라에 사람이 인식되면 멈추는
   자동차 프로그램을 만든다. 카메라를 이용해
   사람을 인식하기 위해 인공지능 블록 메뉴에
   서 '비디오 감지' 블록을 사용한다.

비디오 감지
카메라를 이용하여 사람(신체), 얼굴,
사물 등을 인식하는 블록들의 모음입
니다. (IE 및 iOS 미지원)

엔트리의 비디오 감지 메뉴

블록 메뉴	블록
AI 인공지능	사람▼ 인식 시작하기▼ 인식된 사람▼ 의 수
✓ 판단	10 ≥ 10

인공지능을 활용하여 사람이 인식되면 멈추는 자동차 프로그램을 만들기 위해 자동차 오브젝트에 사용한 코드 예시는 다음과 같다.

'시작하기' 버튼을 눌렀을 때, 카메라에 나의 모습(사람)을 비추면 자동차가 멈추는 것을 볼 수 있을 것이다.

```
시작하기 버튼을 클릭했을 때
비디오 화면 보이기▼
사람▼ 인식 시작하기▼
계속 반복하기
    이동 방향으로 3 만큼 움직이기
    만일 인식된 사람▼ 의 수 ≥ 1 (이)라면
        모든▼ 코드 멈추기
```

카메라에 사람이 인식되면 멈추는 자동차 프로그램의 코드

[2차시: 손바닥을 카메라에 비추면 출발하는 자동차 프로그램 만들기]

손바닥을 카메라에 비추면 출발하는 자동차 프로그램을 만든다. 엔트리 '비디오 감지' 블록에 사용된 인공지능 모델에는 손바닥이 학습되어있지 않다. 따라서 우리는 앞서 본 마스크 착용 여부 프로그램

과 같이 '이미지 분류 모델 학습하기'를 이용한다. 클래스를 '손바닥 사진'과 '배경 사진', 총 2가지로 설정한 후, 손바닥을 비춘 모습이 인식되었을 때만 출발하도록 하는 것이다. '손바닥' 클래스에는 손바닥을 비춘 사진들을, '배경' 클래스에는 손바닥 외의 사진들을 입력하여 모델을 학습시킨다.

손바닥 이미지를 인공지능 모델에 학습시키는 과정

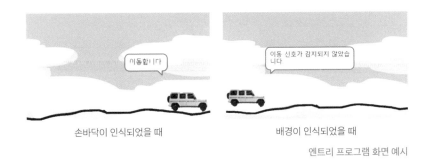

손바닥이 인식되었을 때 | 배경이 인식되었을 때

엔트리 프로그램 화면 예시

손바닥을 카메라에 비추면 출발하는 자동차 프로그램의 코드 예시는 다음과 같다.

시작하기 버튼을 클릭했을 때
계속 반복하기
　학습한 모델로 분류하기
　만일　분류 결과가 손바닥▼ 인가?　(이)라면
　　계속 반복하기
　　　이동합니다. 을(를) 말하기▼
　　　이동 방향으로 3 만큼 움직이기
　아니면
　　만일　분류 결과가 배경▼ 인가?　(이)라면
　　　이동 신호가 감지되지 않았습니다. 을(를) 말하기▼
　　　모든▼ 코드 멈추기

손바닥을 카메라에 비추면 출발하는 자동차 프로그램의 코드

프로그래밍 수업 전 활동

[3차시: 야외 활동 시 일어날 수 있는 응급 상황과 응급 처치 방법 조사하고 발표하기]

상처에 대한 응급 처치 방법을 바로 알 수 있는 프로그램을 만들기 위해 우선 일상에서 발생할 수 있는 응급 상황을 마인드맵으로 작성한다. 그 후 상황별 생길 수 있는 상처의 종류를 파악한다. 응급 상황별 발생할 수 있는 상처의 종류를 파악한 후(자상, 열상, 찰과상, 화상 등), 상처별 응급 처치 방법을 모둠별로 조사하고 발표한다.

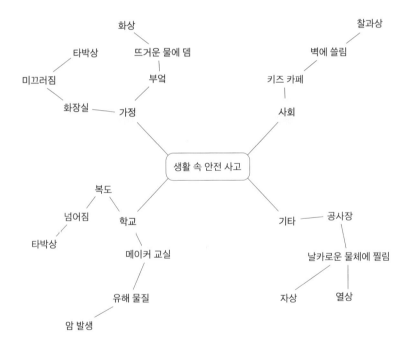

생활 속 안전 사고와 응급 상황에 대한 마인드맵

프로그래밍 수업 진행

[4~5차시: 응급 상황별 상처의 응급 처치 방법을 안내하는 인공지능 프로그램 만들기]

상처의 종류와 응급 처치 방법을 조사했다면 이제 상처에 대한 응급 처치 방법을 바로 알 수 있는 프로그램을 어떻게 해야 만들 수 있을지 계획을 세워야 한다.

본 프로젝트 수업에서 상처의 종류와 응급 처치 방법에 대해 배운 후 프로그램 개발에 대한 계획을 세울 때 학생들이 토의 중 실제로 했던 이야기는 다음과 같다.

"상처가 났을 때 제때 치료하지 못해서 덧나는 경우가 많았어."
"우리 오빠도 축구를 하다가 찰과상을 입었는데 치료를 못해서 상처가 심해졌었어."
"상처 사진을 찍으면 스마트폰이 응급 처치 방법을 알려주면 좋겠어."

그렇다면 여기서 우리에게 필요한 인공지능 모델은 무엇일까? 바로 손바닥을 카메라에 비추면 출발하는 자동차 프로그램에서 활용한 '이미지 분류 모델'이다.

본 수업에 이용하는 프로그래밍 학습지는 다음과 같다.

골든타임 지켜주는 인공지능 프로그램

상처의 종류와 응급 처치 방법

화면 구성

필요한 오브젝트

예) 웃는 토끼	

순서도

안전·건강 교육 AI 프로젝트 수업 내 프로그래밍 수업은 다음과 같이 진행한다.

순서

1. 상처별 응급 처치 방법을 안내하는 프로그램의 아이디어 보드를 작성한다. 상처의 종류와 응급 처치 방법을 간략하게 정리한다.

2. 프로그램의 화면을 프로그래밍 학습지의 '화면 구성' 칸에 그림으로 그린다.

3. 계획한 프로그램의 화면 구성을 바탕으로 필요한 배경과 오브젝트를 '필요한 오브젝트' 칸에 모두 적는다.

4. 작성한 순서도를 바탕으로 프로그램을 만든다.

카메라에 손바닥을 보였을 때 출발하는 자동차 프로그램에서 사용했던 인공지능 학습 모델(이미지 분류)을 떠올려 보자. 프로그램을 만들 때, 클래스별로 어떤 사진을, 몇 장씩 넣어야 할지 충분히 검색해 보는 것도 중요하다. 클래스별로 5장씩 입력했을 때의 인공지능 모델 정확도와 10장씩, 20장씩, 50장씩 입력했을 때의 인공지능 모델 정확도를 각각 비교하며 데이터의 개수가 프로그램 개발에 얼마나 중요한지 직접 확인할 수 있도록 하면 좋다. 이를 바탕으로 자상, 찰과상, 타박상 등 상처의 종류별 사진 데이터를 인공지능 모델에 입력한다.

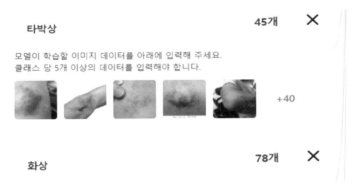

타박상	45개	✕

모델이 학습할 이미지 데이터를 아래에 입력해 주세요.
클래스 당 5개 이상의 데이터를 입력해야 합니다.

+40

화상	78개	✕

상처의 종류를 인공지능 모델에 학습시키는 과정

프로그램이 상처별 응급 처치 방법을 설명하는 부분에서는 진로 교육 AI 프로젝트 학습에서 활용한 '읽어주기' 블록을 활용하면 된다. 응급 처치 방법을 말풍선(문자)뿐만 아니라 음성으로도 안내할 수 있으면 더 좋은 프로그램이 된다.

프로그램 화면과 코드 예시

인공지능 응급 처치 방법 안내 프로그램의 화면 예시는 다음과 같다.

엔트리 프로그램 화면 예시

블록 메뉴	블록
AI 인공지능	비디오 화면을 학습한 모델로 분류 시작하기▼ 학습한 모델로 분류하기 분류 결과가 타박상▼ 인가?
✓ 판단	10 ≥ 10

응급 처치 방법을 안내하는 프로그램을 만들기 위해 로봇 오브젝트에 사용한 코드의 일부는 다음과 같다.

인공지능 응급 처치 방법 안내 프로그램의 예시 코드

프로그래밍 수업 후 활동

[프로그램 발표 및 공유하기]

학생들이 각자 계획한 프로그램을 만들었으면 엔트리 학급에 공유한 후 발표하도록 한다. 발표 후 선생님과 친구들로부터 받은 피드백을 통해 프로그램을 수정한다. 이때, 프로그램의 완성도 뿐만 아니라 체육 교과에서 배운 상황별 응급 처치 방법이 정확하게 설명되고 있는지 확인하도록 한다.

[심화 활동]

일부 학생들은 자기 주도적으로 방과 후에 본 프로그램을 업그레이드하고자 하였다. 업그레이드된 내용은 다음과 같다.

1) 상처별 사진 데이터의 수를 늘려 프로그램의 정확도를 높였다.

2) 음성 인식 기술을 활용해 인식된 상처가 맞는지 재확인할 수 있는 과정을 추가하였다.

사용자가 상처의 사진을 촬영하면 프로그램은 상처의 이미지를 인식한다.

인식 결과가 맞는지 점검하는 질문을 한다. (예: 날카로운 것에 베인 상처가 맞나요?, 뜨거운 것에 덴 상처가 맞나요?, 어딘가에 쓸린 상처가 맞나요? 등)

프로그램의 사용자가 물음에 대한 대답을 한다.(네/아니요)

1. '네' 라고 할 경우 해당 상처의 응급 처치 방법을 안내한다. 2. '아니요'라고 할 경우 처음으로 돌아가 다시 상처의 사진을 입력하도록 한다.

프로그램 업그레이드 내용

```
▶ 시작하기 버튼을 클릭했을 때
비디오 화면을 학습한 모델로 분류 시작하기▼ ●
학습한 모델로 분류하기 ●
만일 분류 결과가 타박상▼ 인가? (이)라면 ▲
    무엇인가에 찔린 상처인가요? 읽어주기 ●
    무엇인가에 찔린 상처인가요? 을(를) ③ 초 동안 말하기▼
    음성 인식하기 ●
    음성을 문자로 바꾼 값 을(를) ② 초 동안 말하기▼
    만일 음성을 문자로 바꾼 값 = 네 (이)라면 ▲
        타박상▼ 신호 보내기 ●

    만일 음성을 문자로 바꾼 값 = 아니요 (이)라면 ▲
        그렇군요. 정확한 분석을 위해 사진을 다시 찍어주세요. 읽어주기 ●
        그렇군요. 정확한 분석을 위해 사진을 다시 찍어주세요. 을(를) ⑧ 초 동안 말하기▼
아니면
    만일 분류 결과가 열상▼ 인가? (이)라면 ▲
```

```
📡 타박상▼ 신호를 받았을 때
타박상입니다. 을(를) 말하기▼
타박상입니다. 읽어주기 ●
② 초 기다리기 ♻
피부에 자극이 생기지 않도록, 얼음 팩을 천으로 감싸서 찜질하세요. 을(를) 말하기▼
피부에 자극이 생기지 않도록, 얼음 팩을 천으로 감싸서 찜질하세요. 읽어주기 ●
⑦ 초 기다리기 ♻
병원▼ 신호 보내기 ●
```

음성 인식 기술을 활용한 프로그램의 예시 코드

3) '병원 신호'를 통해 현재의 위치와 가장 가까운 피부과를 추천하는 기능을 추가하였다. 이를 위해 학생들은 '공공데이터포털'에서 사는 지역 내 피부과의 이름, 주소, 전화번호 데이터를 수집하였다. 가장 가까운 거리의 피부과가 어디인지 파악하기 위해 사용자가 있는 장소의 위도와 경도를 활용하였다.

학생들은 본 프로그램을 통해 2022년 부산광역시 AI 기반 프로젝트 경진대회에서 초등 부문 대상을 수상할 수 있었다. 정규 교과에서 이루어진 프로젝트 수업이 학생들의 자기 주도적 학습으로 대회 수상까지 이어질 수 있었다는 점과 실생활의 문제를 해결함에 따라 많은 사람에게 도움이 되는 프로그램을 개발하였다는 점이 놀라웠다. AI 프로젝트 수업이 학생들의 탐구력을 한층 높이는 데 도움이 된다는 것을 증명할 수 있었던 순간이었다.

업그레이드 한 엔트리 프로그램 화면 예시

인성 교육에서 만나는 AI 프로젝트 수업

- 관련 교과: 국어, 창의적 체험활동
- 탐구 질문: 긍정적인 말은 더 많이, 부정적인 말은 더 적게 사용할 수 있도록 하는 방법에는 무엇이 있을까?
- 인공지능 요소: 텍스트 분류

교실에서 학생들과 함께 지내다 보면 평소에는 행실이 바른 학생들도 교사가 보지 않을 때 부정적인 언어나 욕설을 사용하는 때가 있다는 것을 알게 된다. 욕설은 자신을 스스로 망가뜨리는 것이라 매번 말해도 '습관' 때문인지 쉽게 고쳐지지 않는다. 또한, 많은 학생이 자신이 부정적인 말이나 욕설을 사용한다는 것을 자각하지 못하는 경우가 많았다. 생각이 말이 되고, 말은 행동이 된다. 반대로 생각해 보면 바르게 행동하다 보면 예쁜 말이 나오게 되고 말을 예쁘게 하다 보면 생각도 긍정적으로 변한다. 학생들과 함께 이에 대해 생각해 보고자 국어 교과에 올바른 우리말과 관련된 단원의 내용을 접목하여 프로젝트 수업을 고안했다. 다음은 학생들이 긍정적인 말을 더 많이 사용하고, 부정적인 말은 적게 사용하는 올바른 우리말 습관을 가질 수 있도록 여러 과목의 단원과 차시를 재구성한 AI 프로젝트 수업의 예시이다.

교과	차시	학습 내용
국어	1~2	데이터로 우리 언어 생활 되돌아보기
국어	3~4	우리 반 우리말 사용 실태 조사하기
국어	5~6	전교생 우리말 사용 실태 조사 준비하기
창체	7	실태조사 결과를 바탕으로 학생들이 좋아하는 긍정적인 말과 자주 사용하는 부정적인 말 데이터 정리하기
국어 창체	8~9	말에 따라 표정이 바뀌는 인공지능 로봇 프로그램 만들기
국어	10~11	우리말 사용에 관한 보고서 작성하기
창체	12~14	우리말 캠페인 준비 및 개최하기

인성 교육 AI 프로젝트 수업의 주제가 되는 교과 재구성 내용

그중 인공지능과 관련한 7~9차시의 재구성 내용을 자세히 살펴보면 다음과 같다.

범교과 학습 주제	차시	활동
인성 교육	7	실태조사 결과를 바탕으로 학생들이 좋아하는 긍정적인 말과 자주 사용하는 부정적인 말 데이터 정리하기
	8~9	말에 따라 표정이 바뀌는 인공지능 로봇 프로그램 만들기

인성 교육 AI 프로젝트 수업 학습 차시 구성

프로그래밍 수업 전 활동

[사전 과제 수행하기]

프로젝트 일주일 전, '내가 평소에 가장 많이 사용하는 말 1가지 적어 오기'를 사전 과제로 제시한다. 가장 많이 사용하는 말이 무엇인지 알기 위해 어떤 학생은 공책에 자신이 사용한 신조어를 메모하기

도 하고, 어떤 학생은 자신의 하루를 녹음하기도 했다. 본 과제가 주어진 후 학생들은 스스로 '어? 나 아까도 이렇게 말한 것 같은데?'라는 느낌이 드는 말을 하나씩 기억하기 시작했다.

[1~2차시: 데이터로 우리 언어 생활 되돌아보기]

사전 과제의 결과를 알아볼 시간이다. 멘티미터(Mentimeter)를 사용하여 '우리가 평소에 많이 사용하는 말'의 워드 클라우드(Word Cloud)를 만든다. 사전 과제의 데이터를 시각화하면 우리가 사용하는 언어에는 어떤 단어가 가장 많은지 한눈에 알 수 있어서 효과적이다.

워드 클라우드

그 다음, 큰 종이나 전자 칠판에 한 명씩 눈, 코, 입, 팔, 다리 등 사람의 일부분을 그린다. 모든 학생이 같이 그린 인물을 우리 반 '전학생'으로 정한다. 직접 그린 그림에 이름까지 붙이니 친구가 한 명 더 생긴 기분이다.

학생들이 만든 '전학생'

우리가 만든 '전학생'에게 워드 클라우드 속 말을 1가지씩 이야기
하며 내가 그 말을 들었을 때 기분이 안 좋은 만큼 전학생 그림을 구
기도록 한다. 구겨진 그림을 폈을 때 느낀 점을 이야기한다. 패들렛
등 학급 공유 플랫폼에 그 느낀 점을 공유할 수 있다.

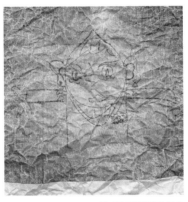

구겨진 '전학생'의 모습

구겨진 '전학생'의 모습을 보며 학생들은 부정적인 말로 인해 생긴
마음의 상처는 사라지지 않는다는 것을 깨닫는다.

모둠별로 우리말 사용 실태 조사를 주제로 토의한 후, 반 친구들을 대상으로 주제에 대한 설문 조사를 진행한다. 설문 조사의 결과를 표 또는 그래프로 만들고 분석 내용에 대한 시사점을 카드 뉴스로 제작하고 발표한다. 다음은 카드 뉴스 예시 작품의 일부이다.

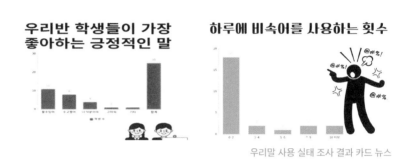

우리말 사용 실태 조사 결과 카드 뉴스

우리 반의 우리말 실태 조사 결과를 발표하고 공유함으로써 어떤 말을 사용해야 하고, 어떤 말을 사용하지 않아야 할지 그 답을 정리한다.

[5~6차시: 전교생 우리말 사용 실태 조사 준비 및 실시하기]

우리 반뿐만 아니라 전교생 전체가 올바른 우리말과 긍정적인 말을 사용할 수 있도록 전교생 우리말 사용 실태를 조사한다. 전교생 우리말 사용 실태 조사의 방법은 모둠별로 정한다. 전지에 스티커판을 만드는 모둠도 있고, 구글 폼(Google Forms)을 활용해 전자 기기로 설문 조사를 한 모둠도 있다. 등교 시간, 쉬는 시간, 하교 시간을 활용하여 학년별 설문 조사를 실시한다.

전교생 우리말 사용 실태 조사

[7차시: 학생들이 좋아하는 긍정적인 말과 자주 사용하는 부정적인 말 데이터 정리하기]

우리 반 우리말 사용 실태 조사와 마찬가지로 결과를 분석하여 그래프 또는 표로 나타낸 후 카드 뉴스로 제작한다. 제작한 카드 뉴스로 실태 조사 결과를 발표 및 공유하고 전교생이 가장 좋아하는 긍정적인 말과 자주 사용하는 부정적인 말에 대한 데이터를 분석한다. 여기서 긍정적인 말과 부정적인 말을 각각 분류한 데이터를 정리해두는 것이 후속 학습을 위해 필수적이다.

프로그래밍 수업 진행

[8~9차시: 말에 따라 표정이 바뀌는 인공지능 로봇 프로그램 만들기]

조사한 데이터를 바탕으로 긍정적인 말과 부정적인 말을 들으면 표정이 달라지는 인공지능 프로그램을 만든다.

[프로그래밍 학습지]

본 수업에 이용하는 프로그래밍 학습지는 다음과 같다.

긍정적인 말 좋아! 부정적인 말 싫어!	스토리 보드

화면 구성	필요한 오브젝트	

순서도

인성 교육 AI 프로젝트 수업 내 프로그래밍 수업은 다음과 같이 진행한다.

순서
- -
1. 인공지능 모델에 텍스트 데이터를 학습시킨다.

2. 말에 따라 표정이 바뀌는 인공지능 로봇 프로그램의 아이디어 보드를 작성한다.

3. 프로그램의 화면을 프로그래밍 학습지의 '화면 구성' 칸에 그림으로 그린다.

4. 계획한 프로그램의 화면 구성을 바탕으로 필요한 배경과 오브젝트를 '필요한 오브젝트' 칸에 모두 적는다.

5. 각 오브젝트에 어떤 알고리즘이 필요한지 순서도를 작성한다.

6. 작성한 순서도를 바탕으로 프로그램을 만든다.

이전 프로젝트 수업에서는 '이미지 분류 모델'을 사용하였다. 본 프로젝트 수업에서는 '인공지능 모델 학습하기' - '텍스트 분류'를 사용한다. 텍스트 분류 모델도 이미지 분류 모델과 원리가 같다. 입력하는 데이터가 텍스트인지, 이미지인지의 차이일 뿐이다.

긍정적인 말과 부정적인 말(비속어)을 각 테이블에 입력한다. 우리 말 실태 조사 결과를 통해 얻은 전교생이 듣고 싶어 하는 긍정적인 말과 싫어하는 부정적인 말을 포함한다. 데이터는 많으면 많을수록 좋다. 조사 결과에 없는 말을 넣어도 괜찮다. 어미도 다양하게 넣는 것이 좋다. 예를 들어, 긍정적인 말에 '잘했어'가 있으면, '잘했다', '잘하고 있어' 등 어미를 다양하게 넣어야 정확도가 높아진다. 입력한 데이터를 학습한 인공지능이 긍정적인 말과 부정적인 말을 제대로 분류하는지 그 분류 결과를 점검한다.

학생들이 사용한 말을 인식하는 과정에서는 인권 교육 AI 프로젝트 수업에서 사용했던 '음성 인식' 블록을 활용하면 된다. 여기서 '음성 인식 기술'이란 사용자가 말을 하였을 때 그 말이 무엇인지 인식하도록 하는 것이다. 예를 들어, 반 친구가 "넌 멋져!"라고 말했을 때 프로그램이 '넌 멋져'를 인식할 수 있어야 그 말이 긍정적인지 부정적인지 분류할 수 있을 것이다. 사용자가 긍정적인 말을 했을 때 칭

찬하는 말을 하고, 부정적인 말을 했을 때 경고의 말을 하는 부분에서는 '읽어주기' 블록을 활용할 수 있을 것이다.

프로그램 화면과 코드 예시

말에 따라 표정이 바뀌는 인공지능 로봇 프로그램의 화면과 코드 예시는 다음과 같다.

엔트리 프로그램 화면 예시

블록 메뉴	블록	
생김새	화가 얼굴 스티커▼ 모양으로 바꾸기	
흐름	만일 참 (이)라면 / 아니면	
인공지능	음성 인식하기	오디오 감지
인공지능	엔트리 을(를) 학습한 모델로 분류하기 / 분류 결과가 긍정적인 말▼ 인가?	분류: 텍스트 모델

본 프로그램에서 사용하는 엔트리 핵심 블록

얼굴 오브젝트에 사용된 코드 예시는 다음과 같다.

계속 반복하기

　음성 인식하기

　음성을 문자로 바꾼 값 을(를) 학습한 모델로 분류하기

　만일 〈 분류 결과가 긍정적인 말▼ 인가? 〉 (이)라면

　　메롱 얼굴 스티커▼ 모양으로 바꾸기

　　기분 좋아지는 말이야! 읽어주기

　　기분 좋아지는 말이야! 을(를) 3 초 동안 말하기▼

　　나를 종료하고 싶으면 q키를 눌러줘! 누르지 않으면 처음으로 돌아가. 읽어주기

　　나를 종료하고 싶으면 q키를 눌러줘! 누르지 않으면 처음으로 돌아가. 을(를) 6 초 동안 말하기▼

　아니면

　　만일 〈 분류 결과가 부정적인 말▼ 인가? 〉 (이)라면

　　　빠직 얼굴 스티커▼ 모양으로 바꾸기

　　　너 정말 그렇게 말할 거야? 읽어주기

　　　너 정말 그렇게 말할 거야? 을(를) 3 초 동안 말하기▼

　　　나를 종료하고 싶으면 q키를 눌러줘! 누르지 않으면 처음으로 돌아가. 읽어주기

　　　나를 종료하고 싶으면 q키를 눌러줘! 누르지 않으면 처음으로 돌아가. 을(를) 6 초 동안 말하기▼

q▼ 키를 눌렀을 때

　프로그램을 종료합니다. 을(를) 2 초 동안 말하기▼

　모든▼ 코드 멈추기

말에 따라 표정이 바뀌는 인공지능 로봇 프로그램 코드 예시

　학생들이 각자 계획한 프로그램을 만들었으면 엔트리 학급에 공유한 후 발표하도록 한다. 발표 후 선생님과 친구들로부터 받은 피드백을 통해 프로그램을 수정하면 프로그램은 최종 완성된다.

프로그래밍 수업 후 활동

[10~11차시: 우리말 사용에 관한 보고서 작성하기]

만든 프로그램을 교실에서 직접 사용하며 그 효과성을 조사해 보는 수업까지 이어지도록 한다. 본 프로그램을 작동하는 기자재(노트북 등)를 교실 앞과 뒤에 설치하여 학생들이 긍정적인 말을 더욱 많이 사용하도록 장려하는 방법이 있다.

우리말 실태 조사부터 프로그램 개발까지의 과정을 바탕으로 고운 우리말 사용에 대한 보고서를 모둠별로 작성한다. 보고서 작성은 구글 독스(Google Docs)와 같이 실시간 협업 작성이 가능한 소프트웨어를 사용하면 좋다.

학생들이 작성한 연구 보고서

전교생이 긍정적인 말이 가져다 주는 행복을 직접 느낄 수 있도록, 고운 우리말과 긍정적인 말을 더 자주 사용할 수 있도록 우리말 캠페인을 계획한다. 메이커 활동을 통해 학년별 우리말 선물을 준비하여 캠페인을 진행할 수 있다.

우리말 캠페인을 위해 제작한 순우리말과 응원 문구가 적힌 머그컵

실제 프로젝트 수업을 마치고 학생들은 교내 모든 학급을 방문하여 준비한 선물을 전달하고 긍정적이고 고운 우리말 사용의 중요성을 알렸다. 또한, 직접 개발한 프로그램을 학교 전체에 사용할 수 있도록 사용 방법도 같이 설명하였다.

내가 배운 지식을 통해 새로운 것을 창조하고 그 배움을 나누는 과정을 통해 학생들은 또 한 번 성장할 수 있었다. 본 프로젝트 수업을 진행한 학급은 수업 이후 분위기가 완전히 바뀌었다. 짜증이나 화를 내기보다 '그럴 수 있지!'라는 긍정적인 말로 가득 찬 교실에서 밝은 인사로 하루를 시작한다. 학생들은 스스로 느낀 변화를 학교 전체에 알리고자 하였다. 한글이 우리의 삶에 주는 힘을 느낄 수 있는 인공지능 프로그램까지 개발하며 평생 잊지 못할 수업이라고 다 함께 이야기하였다.

3장

교실에서 만나는
AI 프로젝트 수업: 심화

환경·지속 가능 발전 교육에서 만나는 AI 프로젝트 수업

- 관련 교과: 실과(정보), 사회, 창의적 체험활동
- 탐구 질문: 지구의 온도를 낮추기 위해 우리는 무엇을 해야 할까?
- 인공지능 요소: 데이터 예측

점점 심해지는 태풍, 장마, 산불, 그리고 일찍 찾아오는 여름과 극심한 무더위. 예전과는 다른 이상 기후가 나타나지만 학생들은 그 심각성을 피부로 느끼기 어렵다고 한다. 지구 온난화와 환경 오염에 대해 알고는 있지만 이상 기후가 일상적인 세상에 살기 때문인 것 같다. 책《6도의 멸종》*에 따르면 지구의 기온이 2도만 더 올라도 물에 잠기는 지역이 있는데, 현재 대한민국 부산시도 안전하지 않다고 한다.

그렇다면 지구의 기온이 2도 더 오르기까지 시간이 얼마나 남았는지 궁금해지기 시작한다. 그리고 우리는 지구의 기온을 낮추기 위해 어떤 노력을 해야 할지도 생각해야 한다. 다음은 환경 오염의 심각성을 직접 느끼고 그 해결 방법을 찾을 수 있도록 여러 과목의 단원과 차시를 재구성한 AI 프로젝트 수업의 예시이다.

---

*   마크 라이너스, 이한중 역, 《6도의 멸종》, 세종서적, 2014.

교과	차시	학습 내용
국어	1	책《고릴라는 핸드폰을 미워해》를 읽고 느낀 점 공유하기
수학	2	우리나라 연평균 기온 그래프를 해석하여 기온 변화 파악하기
실과	3~4	100년 후 우리나라 연평균 기온 예측 프로그램 만들기
사회	5	우리가 해결해야 할 환경 문제와 해결 방안 토의하기
미술	6~7	환경 보호 홍보 영상 제작하기
창체	8	그린 에코 데이(Green Eco Day) 발표회 열기

환경·지속 가능 발전 교육 프로젝트 수업의 주제가 되는 교과 재구성 내용

그중 인공지능과 관련한 3~5차시의 재구성 내용을 자세히 살펴보면 다음과 같다.

범교과 학습 주제	차시	활동
환경·지속 가능 발전 교육	2	우리나라 연평균 기온 그래프를 해석하여 기온 변화 파악하기
	3~4	100년 후 우리나라 연평균 기온 예측 프로그램 만들기

환경·지속 가능 발전 교육 AI 프로젝트 수업 학습 차시 구성

프로그래밍 수업 전 활동

[1차시: 책《고릴라는 핸드폰을 미워해》를 읽고 느낀 점 공유하기]

환경 프로젝트 수업에서 학생들과 꼭 함께 읽는 책은《고릴라는 핸드폰을 미워해》이다. 내가 아무 생각 없이 바꾸는 스마트폰이 고릴라의 서식지를 파괴할 수 있다는 사실에서 생태계 파괴와 환경 오

염까지 이야기할 수 있기 때문이다. 책을 읽기 전에는 고릴라가 왜 핸드폰을 미워하는지 예측해 보고, 책을 읽는 중에는 책 내용에 관한 질문을 하고 답하며 책의 내용을 이해하도록 한다.

[2차시: 우리나라 연평균 기온 그래프를 해석하기]

책 《고릴라는 핸드폰을 미워해》를 읽으면 환경 오염이 심각하다는 것을 느낄 수 있다. 특히 지구 온난화에 따른 생태계 파괴에 대해 알 수 있는데, 학생들은 우리나라 연평균 기온 자료(꺾은선 그래프)를 바탕으로 1970년부터 2020년까지의 기온 변화와 그 영향을 직접 파악하고 내용을 토의한다. 1970년에 비해 2020년의 연평균 기온이 더 높다는 사실을 알 수 있다.

프로그래밍 수업 진행
[3~4차시: 100년 후 우리나라 연평균 기온 예측 프로그램 만들기]

과거부터 현재까지 연평균 기온이 점차 높아지고 있음을 알게 된 학생들은 앞으로의 상황에 대비하기 위해 미래 데이터를 예측한다. 이를 위해 100년 후 우리나라의 기온을 예측하는 인공지능 프로그램 개발을 계획하고, 프로그램 개발에 필요한 것이 무엇일지 학생들과 함께 탐구해 보아야 한다.

예측 프로그램의 예로 '책상에 앉아있는 시간과 시험 성적'의 관계를 들어 학생들의 이해를 도울 수 있다. 하루에 1시간 공부하였을 때는 30점, 2시간 공부하였을 때는 60점을 받은 학생이 있다고 가정하였을 때, 같은 학생이 3시간 공부하였을 때 몇 점을 받을 수 있을지

계절별 기온

우리나라의 연평균 기온과 계절별 평균 기온입니다. (℃)

국민체력100 측정 결과 예시 데이터

국민체력100 측정 결과에서 일부 데이터를 발췌한 가상의 데이터입니다.

네이버 VIBE 장르별 재생 수

네이버 VIBE에서 2019년에 가장 많이 재생된 500곡을 장르별로 묶은 재생 수 입니다. (회)

네이버 VIBE 재생 수 및 연령별 선호도

네이버 VIBE에서 2019년에 가장 많이 재생된 100곡의 계절 아티스트 재생 수 연령별 선호

자세히 보기   자세히 보기   자세히 보기   자세히 보기

네이버 블로그 성별/연령별 사용자 분포

네이버 블로그의 각 주제별 조회수 비율을 성별 또는 연령별로 구분한 값입니다. (%)

네이버 블로그 조회수

네이버 블로그의 각 주제별 게시글을 조회한 횟수입니다. (수)

네이버 블로그 평균 사용 시간

네이버 블로그를 방문하여 게시글 1개를 읽는 평균 시간입니다. (초)

네이버 지식iN 질문/답변 수

네이버 지식iN의 각 분야에 2019년 신규 질문 및 답변의 개수입니다. (건)

자세히 보기   자세히 보기   자세히 보기   자세히 보기

엔트리의 '데이터 분석' 메뉴

생각해 보는 것이다. 여러 변수로 공부 시간과 성적이 반드시 비례하는 것은 아니지만 가상의 데이터로 예측해 보는 것이다. 우리는 그 학생이 3시간 공부하였을 때 90점을 받을 수 있을 것이라 예측할 수 있다. 이 예측 과정에서 필요한 데이터는 무엇이었을까? 바로 '공부 시간'과 '시험 점수 데이터'이다.

이와 같은 맥락으로 100년 후 우리나라의 기온을 예측한다고 하였을 때 우리에게 필요한 데이터는 무엇일까? 바로 대답하기 어려울 수도 있다. 따라서 엔트리 '데이터 분석' 메뉴에 있는 데이터 중 선택해 보도록 하는 것도 도움이 된다. 엔트리의 '데이터 분석' 메뉴에서 다양한 데이터를 확인할 수 있다. 학생들은 여러 가지 데이터 중 우리나라의 연평균 기온을 알 수 있는 '계절별 기온' 데이터가 필요하다는 것을 금방 알아차리게 된다.

여기서 계절별 기온 데이터를 추가하면, 1973년부터 2021년까지의 연도별, 계절별 평균 기온을 나타내는 표가 보인다. 우리는 이 데

계절별 기온

	A	B	C	D	E	F
1	연도	연평균	봄	여름	가을	겨울
2	1973	12.4	11.6	24.5	12.9	-1.4
3	1974	11.4	10.8	22.4	13.0	-0.1
4	1975	12.6	11.2	23.9	15.5	0.3
5	1976	11.7	10.9	22.6	12.5	-1.7
6	1977	12.3	11.8	23.5	15.0	0.7
7	1978	12.8	11.7	24.7	14.3	2.2
8	1979	12.6	11.2	23.5	13.6	-0.2
9	1980	11.2	11.0	22.1	13.4	-2.3
10	1981	11.4	11.5	23.6	12.2	-0.1

계절별 기온 데이터

이터를 이후 '인공지능 모델 학습하기' 기능을 통해 인공지능 모델에 연결할 수 있다. 이미지 분류 모델과 텍스트 분류 모델에서 데이터의 수가 중요했던 것처럼 데이터 예측 모델도 선행 데이터가 많으면 많을수록 예측 정확도가 높아진다.

데이터 예측이 무엇인지, 데이터 예측을 위해 무엇이 필요한지 이해했다면 엔트리의 '인공지능 모델 학습하기' 기능을 사용하여 예측 프로그램을 만든다.

[프로그래밍 학습지]

본 수업에 이용하는 프로그래밍 학습지는 다음과 같다.

100년 후 우리나라의 기온은 얼마일까?

아이디어 보드

- 핵심 속성:

- 예측 속성

화면 구성

필요한 오브젝트

순서도

환경 교육 AI 프로젝트 수업 내 프로그래밍 수업은 다음과 같이 진행한다.

순서

- -

1. 데이터 예측 모델을 만든다.

2. 100년 후 지구의 기온을 예측하는 프로그램의 아이디어 보드(스토리보드)를 작성한다.

3. 프로그램의 화면을 프로그래밍 학습지의 '화면 구성' 칸에 그림으로 그린다.

4. 계획한 프로그램의 화면 구성을 바탕으로 필요한 배경과 오브젝트를 '필요한 오브젝트' 칸에 모두 적는다.

5. 각 오브젝트에 어떤 알고리즘이 필요한지 순서도를 작성한다.

6. 작성한 순서도를 바탕으로 프로그램을 만든다.

데이터 예측 모델을 만드는 과정은 다음과 같다.

여러 가지 모델 중 숫자 예측(예측: 숫자(선형 회귀)) 모델을 사용한다.

엔트리의 예측: 숫자(선형 회귀) 메뉴   데이터 예측 모델 제작 과정

계절별 기온 데이터를 불러온 후, 핵심 속성과 예측 속성이 무엇일지 생각한다. 여기서 핵심 속성이란 예측 속성을 바꾸는 값이고, 예측 속성은 예측해야 할 값을 의미한다. 예를 들어, 공부 시간과 성적의 경우 공부 시간에 따라 성적이 달라지고, 우리는 성적을 예측하려고 하기 때문에 핵심 속성은 '공부 시간', 예측 속성은 '성적'이 된다. 마찬가지로 100년 후 연평균 기온을 예측하는 경우, 연도에 따라 기온이 바뀌고, 예측할 값은 연평균 기온이기 때문에, 핵심 속성은 '연도', 예측 속성은 '연평균 기온'이 된다. 핵심 속성과 예측 속성을 찾았다면 학습지에 작성할 수 있도록 한다. 본 속성을 바탕으로 모델을 학습시키면 학습한 모델의 결과를 볼 수 있다. 학습 결과로 다음과 같은 모양의 그래프가 나올 것이다.

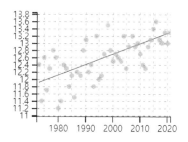

데이터 예측 모델 학습 결과 그래프

여기서 회귀식은 학생마다 다를 수 있다. 학생들이 연도에 따라 기온이 올라가고 있다는 경향성에만 집중할 수 있도록 지도하면 좋다.

오브젝트가 100년 후 우리나라의 기온을 알려주는 부분에는 진로 교육 AI 프로젝트 수업에서 배웠던 '읽어주기' 블록을 활용하면 된다. 말풍선뿐만 아니라 음성으로도 안내할 수 있게 하면 더 실감 나는 프로그램이 될 수 있다.

프로그램 화면과 코드 예시

100년 후 우리나라 기온을 예측하는 프로그램의 화면 예시는 다음과 같다.

엔트리 프로그램 화면 예시

블록 메뉴	블록	
? 자료	안녕! 을(를) 묻고 대답 기다리기	
	대답	
+×= 계산	안녕! 과(와) 엔트리 를 합치기	
AI 인공지능	연도 10 의 예측 값	예측: 숫자 모델

본 프로그램에서 사용하는 엔트리 핵심 블록

북극곰 오브젝트에 사용된 코드 예시는 다음과 같다.

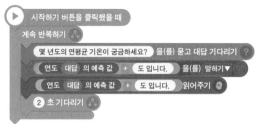

100년 후 우리나라 기온을 예측하는 프로그램 코드 예시

학생들이 각자 계획한 프로그램을 만들었으면 엔트리 학급에 공유한 후 발표하도록 한다. 발표 후 선생님과 친구들로부터 받은 피드백을 통해 프로그램을 수정하면 프로그램이 최종 완성된다. 완성된 프로그램에 50년 후의 기온만 물어봐도 2022년 연평균 기온보다 2도 이상 높은 기온을 답한다. 학생들은 자신이 만든 프로그램을 통해 기후 변화의 심각성에 대해 생각할 수 있다.

프로그래밍 수업 후 활동

[5차시: 우리가 해결해야 할 환경 문제와 해결 방안 토의하기]

'지구촌에서 나타나는 다양한 환경 문제'에 대한 DVDM 토의를 한다. DVDM 토의란 1가지 주제에 대해 정의(Definition), 가치(Value), 문제점(Difficulty), 방법(Method)의 입장에서 이야기하는 것이다. 실시간 협업 마인드맵 소프트웨어인 마인드 마이스터(Mind Meister)로 토의를 진행한다. 환경이 우리에게 주는 고마운 점이 무엇인지, 어떤 환경 문제가 있는지, 그래서 우리는 환경 보호를 위해 어떤 노력을 해야 하는지 정리한다.

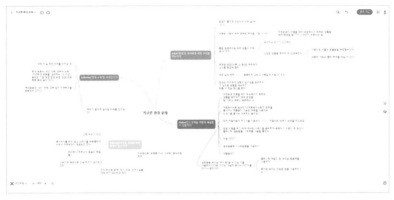

[6~8차시: 환경 보호 영상 제작 및 발표회 열기]

환경을 보호하자는 문구가 담긴 영상을 모둠별로 제작한다. 제작 내용은 다양할 수 있다. 각자의 창의적인 생각과 환경을 보호하고자 하는 마음을 담아 만든 영상을 그린 에코 데이와 같은 환경 교육 주간에 발표한다.

학생들은 본 프로젝트 수업을 통해 기후 위기의 심각성을 직접 느낄 수 있었다. 지구 온난화와 관련된 영상을 시청하는 것도 좋지만, 직접 만든 프로그램으로 지구의 미래 모습을 예측하니 환경 보호와 관련한 행동을 더욱 실천하는 학생들을 볼 수 있었다. 또한 데이터를 분석하고 활용하는 과정을 통해 데이터가 세상에 주는 힘을 배울 수 있었다.

- 관련 교과: 사회, 체육, 창의적 체험활동
- 탐구 질문: 어떻게 씨름 조를 평등하게 나눌 수 있을까?
- 인공지능 요소: 데이터 군집

학생들이 즐겁고 건강한 수업을 하기 위해서는 '민주적이고 평등한 과정'이 중요하다. 체육 수업에서 씨름을 체험할 때 40kg인 친구와 80kg인 친구가 경기한다면 보통 40kg인 친구가 불리하다. 그렇다면 키가 크고 몸무게가 작은 친구와 키가 작고 몸무게가 큰 친구가 경기한다면 공평할까? 다음은 학생들이 스스로 평등한 씨름 조를 편성하기 위해 인공지능 기술을 활용해 볼 수 있도록 여러 과목의 단원과 차시를 재구성한 AI 프로젝트 수업의 예시이다.

범교과 학습 주제	차시	활동
민주 교육	1	생활 속 민주주의를 실천하는 방법 토의하기
	2~3	씨름 체급을 공정하게 나누는 인공지능 프로그램 만들기
	4	체급별 씨름 경기 실시하기

민주 교육 AI 프로젝트 수업 학습 차시 구성

프로그래밍 수업 전 활동

사회 수업에서 민주적인 의사 결정 원리에 대해 학습한 후 생활 속에서 민주주의를 실천할 수 있는 사례를 생각한다. 가정, 학교, 사회 단위로 사례를 떠올려 보고, 학교의 경우 수업 시간, 점심시간 등 시간에 따라, 또는 교실, 운동장 등 장소에 따라 민주주의를 실천할 수 있는 사례를 떠올린다. 교실에서 자리를 바꿀 때, 시력이 안 좋은 학생이 앞자리에 앉도록 하는 방법으로 민주주의를 실천할 수도 있고, 급식을 받는 줄을 설 때 번호순으로 순서를 바꿔가며 받는 방법이 민주적인가도 생각해 볼 수 있다. 그렇다면 체육 수업에서 경기 조를 편성할 때는 어떤 방법이 민주적이고 공정한지 토의한다.

프로그래밍 수업 진행

[2~3차시: 씨름 체급을 공정하게 나누는 인공지능 프로그램 만들기]

학생들은 씨름 경기를 위한 조를 편성할 때 인공지능 기술을 이용할 수 있다. 씨름 체급을 공정하게 나누는 인공지능 프로그램을 만들 때 우리에게 필요한 데이터는 무엇일까? 환경·지속 가능 발전 AI 프로젝트 수업(100년 후 연평균 기온을 예측하는 프로그램 개발하기)에서는 엔트리에서 제공되는 기상청 데이터(연평균 기온 데이터)를 활용하였지만, 우리의 씨름 체급과 관련된 데이터는 당연히 엔트리에 없다. 이번에는 데이터를 직접 만들어야 한다.

이를 위해 PAPS 측정 때 기록했던 키와 몸무게를 데이터로 만든다. 사춘기에 접어든 학생이 본인의 키와 몸무게에 예민할 수 있으므로 이름은 익명으로 데이터를 만들었다. 그 방법은 다음과 같다.

1) 학생들에게 무작위 번호를 부여한다.

2) 학생들은 구글 스프레드시트에서 자신의 무작위 번호를 찾는다.

3) 학생들은 자신의 무작위 번호 옆에 PAPS 측정 결과(키, 몸무게)를 입력한다.

4) 완성된 구글 스프레드시트 파일을 엑셀 파일(.xls)로 저장한다.

5) 완성된 구글 스프레드시트 파일을 엔트리의 '데이터 분석' 메뉴에서 추가하고,

테이블이 잘 만들어졌는지 확인한다. 키와 몸무게 데이터를 바탕으로 씨름 조를 나누기 위하여 인공지능 군집 모델을 사용해야 한다.

비지도학습

군집: 숫자 (k-평균)

테이블의 숫자 데이터를 특성값으로 삼아 정한 수(k)만큼의 묶음으로 만드는 모델을 학습합니다.

엔트리의 군집: 숫자(k-평균) 메뉴

키와 몸무게.xlsx

	테이블	차트	정보

	A	B	C
1	구분	키	몸무게
2	1번	150.2	47.9
3	2번	143.1	35.6
4	3번	151.9	44.9
5	4번	154.5	39.1
6	5번	159.1	64.4
7	6번	152.2	38
8	7번	152.2	42.6
9	8번	143.1	37.9
10	9번	150.7	46.7
11	10번	161.3	76.9

직접 생성한 데이터를 엔트리에 추가한 화면

본 수업에 이용하는 프로그래밍 학습지는 다음과 같다.

공정한 씨름 체급 나누기

스토리 보드

화면 구성

필요한 오브젝트

순서도

민주 교육 AI 프로젝트 수업 내 프로그래밍 수업은 다음과 같이 진행한다.

순서

1. 데이터 군집 모델을 만든다.

2. 씨름 체급을 공정하게 나누는 인공지능 프로그램의 아이디어 보드를 작성한다.

3. 프로그램의 화면을 프로그래밍 학습지의 '화면 구성' 칸에 그림으로 그린다.

4. 계획한 프로그램의 화면 구성을 바탕으로 필요한 배경과 오브젝트를 '필요한 오브젝트' 칸에 모두 적는다.

5. 각 오브젝트에 어떤 알고리즘이 필요한지 순서도를 작성한다.

6. 작성한 순서도를 바탕으로 프로그램을 만든다.

데이터 군집 모델 제작 화면

데이터 군집 모델을 만드는 과정은 다음과 같다.

1) 여러 가지 모델 중 '군집: 숫자(k-평균(k-means))' 모델을 사용한다.
2) 앞서 만들었던 키와 몸무게 테이블(데이터)을 불러온 후, '핵심 속성'이 무엇일지 생각한다. 여기서 '핵심 속성'이란 우리가 만든 데이터에서 군집(팀)을 나누는 기준을 의미한다. 씨름 체급을 공정하게 나누는 인공지능 프로그램은 군집을 나누는 기준이 '키'와 '몸무게'이기 때문에, 핵심 속성을 '키'와 '몸무게'로 설정한다.
3) k-평균에서 K는 군집의 개수이다. 몇 개의 군집으로 나눌 것인지 그 개수는 재량적으로 정할 수 있는데, 여기서는 씨름 경기를 위해 3개의 군집으로 나누었다.
4) 마지막으로, 중심점 기준을 정한다. 기준은 '가장 먼 거리'와 '무작위' 2가지 중 선택할 수 있다. '가장 먼 거리'를 선택하면 서로 가장 많이 떨어져 있는 데이터부터 시작하여 주변의 가까운 데이터를 군집화한다. '무작위'를 선택하면 무작위로 선택된 데이터부터 시작하여 주변의 가까운 데이터를 군집화한다. 여기서는 '가장 먼 거리'를 선택했다.

k-평균 알고리즘의 이해

다음은 k-평균 알고리즘으로 데이터가 군집화되는 과정이다. 초등학생의 경우 이 과정을 이해하기보다 인공지능 프로그래밍을 통해 팀을 나눌 수 있다는 것에 더 집중하는 것이 좋다.

k-평균 알고리즘에서는 K값을 먼저 정해야 한다. 군집을 2개 만든

다고 가정했을 때, K값은 2가 된다. 군집을 나누는 기준이 될 중심점을 K값만큼 정한다. 무작위로 지정된 중심점 A, B는 다음과 같다.

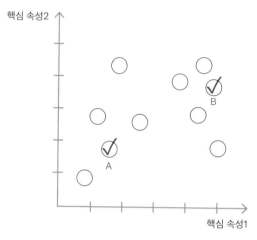

입력한 데이터에서 무작위로 정한 중심점

중심점을 기준으로 각 점과 중심점 사이의 최단 거리를 계산한다.

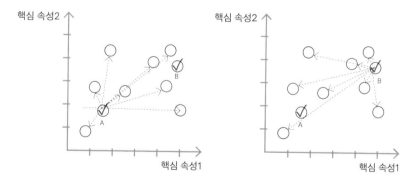

각 중심점에 따른 최단 거리

중심점 A, 중심점 B와 다른 점(1~8) 사이의 거리는 다음 표와 같다.

	1	2	3	4	5	6	7	8
중심점 A	1	3	4	2	5	5	7	6
중심점 B	7	6	5	4	2	2	2	3

각 중심점에 따른 최단 거리 표

각 점이 중심점 A와 B 중 어느 점과 가까운지 확인한다. 더 가까운 쪽의 거리 값을 빨간색으로 표시하였다.

	1	2	3	4	5	6	7	8
중심점 A	1	3	4	2	5	5	7	6
중심점 B	7	6	5	4	2	2	2	3

각 점이 어느 중심점과 가까운지 표시한 표

중심점 A와 가까운 점을 A 집단, 중심점 B와 가까운 점을 B 집단 이라고 하면, 다음과 같이 나타낼 수 있다.

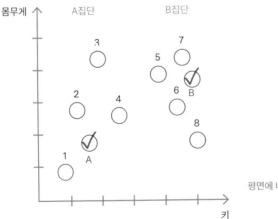

평면에 나타낸 군집화 결과

여기서 군집화가 끝나는 것이 아니라 더 의미 있는 집단을 나누기 위해 새로운 중심점을 잡는다. 새로운 중심점(A', B')의 **좌푯값**(핵심 속성 1, 핵심 속성 2)은 다음과 같다.

	중심점 A'	중심점 B'
핵심 속성 1	A 집단 내 점들의 핵심 속성1 값의 총합 / A 집단 내 점의 개수	B 집단 내 점들의 핵심 속성1 값의 총합 / B 집단 내 점의 개수
핵심 속성 2	A 집단 내 점들의 핵심 속성2 값의 총합 / A 집단 내 점의 개수	B 집단 내 점들의 핵심 속성2 값의 총합 / B 집단 내 점의 개수

새로운 중심점과 핵심 속성

다시 중심점 A', 중심점 B'와 각 점 사이의 거리를 재고, 각 점이 두 중심점 중 어느 점과 가까운지 확인하는 과정을 통해 새로운 집단이 만들어진다. 새로운 중심점이 정해져도 그 결과의 차이가 없을 때까지 이 과정이 계속 반복된다.

프로그램 화면과 코드 예시

씨름 체급을 공정하게 나누는 인공지능 프로그램의 화면 예시는 다음과 같다.

엔트리 프로그램 화면 예시

블록 메뉴	블록
? 자료	안녕! 을(를) 묻고 대답 기다리기 ?
	대답
흐름	만일 참 (이)라면 아니면
AI 인공지능	키 ⑩ 몸무게 ⑩ 의 군집 군집: 숫자 모델

본 프로그램에서 사용하는 엔트리 핵심 블록

얼굴 오브젝트에 사용된 코드 예시는 다음과 같다.

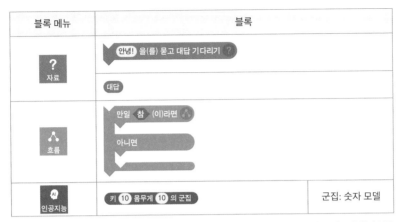

씨름 체급을 공정하게 나누는 인공지능 프로그램의 코드 예시

프로그래밍 수업 후 활동

[4차시: 체급별 씨름 경기 실시하기]

학생들이 각자 계획한 프로그램을 만들었으면 엔트리 학급에 공유한 후 발표하도록 한다. 발표 후 선생님과 친구들로부터 받은 피드백을 통해 프로그램을 수정한다.

학생들은 직접 만든 프로그램으로 나눈 군집에 따라 씨름 경기를 하였다. 스스로 만든 프로그램으로 나눈 조에 따라 경기가 이뤄지니 상대와 체급이 비슷할 것이라는 믿음이 생겨 더욱 열심히 도전하는 모습을 보였다. 그러나, 인공지능이 더 효과적인 선택을 하는 데 도움이 될 수 있음에도, 무조건 받아들이고 순응하기보다는 인공지능의 판단이 옳은 것인지 비판적으로 생각하는 시간을 가져야 한다. 실제로 앞서 사용했던 k-평균 알고리즘은 한계점이 많기 때문이다. 따라서 실제 씨름 경기를 해보고 후속 학습으로 프로그램의 효과와 체감 정확도에 대해 토의해 보는 시간을 반드시 가져야 한다.

- 관련 교과: 사회, 실과(정보), 창의적 체험활동
- 탐구 질문: 소비자의 취향에 맞는 제품을 추천하는 프로그램을 어떻게 만들 수 있을까?
- 인공지능 요소: 데이터 분류

'마케팅'이 기업 성장의 가장 중요한 요소 중 하나가 되어가는 이 사회에서 학생들이 소비자로서 합리적인 선택을 하고 기업이 더 많은 고객을 유치하는 데 인공지능 프로그램을 어떻게 사용할 수 있을까? 이를 학생들과 함께 생각해 볼 수 있지 않을까 고민하였다. 사회 교과와 관련하여 가계와 기업의 합리적 선택 방법을 돕는 프로그램을 만드는 것이다.

　여러 제품 중 소비자에게 딱 맞는 제품을 선택할 수 있는 '인공지능 추천 프로그램'을 인공지능 데이터 분류 기능을 통해 만들 수 있다. 특히 학생들이 평소 가장 좋아하고 소비할 때 많이 고민하는 것을 소재로 정하려고 하였다. 만화 캐릭터 스티커가 들어 있는 빵이나 아이돌 음악과 같은 소재 말이다. 다음은 소비자가 좋아하는 제품 추천 인공지능 프로그램을 만들기 위해 여러 과목과 차시를 재구성한 AI 프로젝트 수업의 예시이다.

범교과 학습 주제	차시	활동
경제· 금융 교육	1	가계와 기업의 합리적인 선택 방법 알아보기
	2~4	캐릭터 빵 추천 인공지능 프로그램 만들기
	5	4차 산업혁명 기술이 가계와 기업에 미치는 영향 토의하기

경제·금융 교육 AI 프로젝트 수업 학습 차시 구성

프로그래밍 수업 전 활동

[1차시: 가계와 기업의 합리적인 선택 방법 알아보기]

가계와 기업이 각각 합리적인 선택을 하기 위해 무엇을 고려해야 하는지 경험에 비추어 이야기를 나눠 본다. 평소 자신은 물건을 선택할 때 어떤 기준을 고려하는지, 선택에 어려움을 겪은 경험에는 무엇이 있었는지 생각한다.

프로그래밍 수업 진행

[2~4차시: 캐릭터 빵 추천 인공지능 프로그램 만들기]

캐릭터 빵 중 '초코 롤'과 '초코 케이크'는 같은 초콜릿맛이지만 매니아층의 구성이 확연히 갈린다. 학생들과 함께 초코 롤을 좋아하는 사람과 초코 케이크를 좋아하는 사람은 각각 어떤 특징이 있을지 모둠 토의를 하였다. 토의 결과, 초코 롤을 좋아하는 학생은 빵의 부드러움을, 초코 케이크를 좋아하는 학생은 빵의 단맛을 좋아한다는 추측 결론을 내렸다. 이제 프로그램을 개발하기 위해 우리가 수집해야 할 데이터는 무엇일까? 사람들의 단맛 선호도와 부드러움 선호도에 따른 빵 선택 결과를 조사해야 한다. 그 방법은 다음과 같다.

1) 학생들은 친구들의 단맛 선호도와 부드러움 선호도를 조사한다. 이때, 모둠별로 각자 조사할 친구를 나눠 정한 후 조사하면 편리하다 처음부터 구글 스프레드시트를 사용하면 이후 엔트리에 데이터를 입력할 때 편리하다. 단맛 선호도와 부드러움 선호도는 각각 1~10 사이의 자연수로 표현하도록 한다. 1로 갈수록 선호하지 않음을, 10으로 갈수록 선호함을 의미한다.

2) 학생들은 친구들의 빵 선택 결과(초코 볼, 초코 케이크)를 조사한다.

3) 단맛 선호도, 부드러움 선호도, 빵 선택 결과 데이터를 엔트리의 '데이터 분석' 메뉴에 추가하고, 제대로 입력되었는지 확인한다.

우리 반 캐릭터 빵 선호도 조사 데이터

	테이블	차트	정보

	A	B	C	D
1	이름	단맛 선호도	부드러움 선호도	캐릭터 빵
2	김민경	8	9	초코롤
3	김예주	5	8	초코롤
4	강규리	10	6	초코롤
5	박민서	8.5	6	초코 케이크
6	신연승	6.5	5	초코 케이크
7	정은지	5	8	초코롤
8	황하윤	10	9	초코 케이크
9	김지유	6	8	초코롤
10	최본휘	9	10	초코롤
11	백도윤	9	10	초코롤

데이터 입력 화면

[프로그래밍 학습지]

본 수업에 이용하는 프로그래밍 학습지는 다음과 같다.

취향에 따라 캐릭터 빵 추천하기

스토리 보드

화면 구성

필요한 오브젝트

순서도

경제·금융 교육 AI 프로젝트 수업 내 프로그래밍 수업은 다음과 같이 진행한다.

순서

---

1. 데이터 분류 모델을 만든다.

2. 캐릭터 빵 추천 인공지능 프로그램의 아이디어 보드(스토리 보드)를 작성한다.

3. 프로그램의 화면을 프로그래밍 학습지의 '화면 구성' 칸에 그림으로 그린다.

4. 계획한 프로그램의 화면 구성을 바탕으로 필요한 배경과 오브젝트를 '필요한 오브젝트' 칸에 모두 적는다.

5. 각 오브젝트에 어떤 알고리즘이 필요한지 순서도를 작성한다.

6. 작성한 순서도를 바탕으로 프로그램을 만든다.

데이터 분류 모델을 만드는 과정은 다음과 같다.

데이터 분류 모델 제작 과정

1) 여러 가지 모델 중 '분류: 숫자(kNN)' 모델을 사용한다.

2) 앞서 완성한 캐릭터 빵 조사 결과 테이블(데이터)를 불러온 후, '핵심 속성'이 무엇일지 생각한다. 여기서 '핵심 속성'이란 인공지능이 데이터를 분류하는 기준이 되는 속성을 의미한다. 캐릭터 빵을 추천하는 인공지능 프로그램은 데이터를 분류하는 기준이 '단맛 선호도'와 '부드러움 선호도'이기 때문에, 핵심 속성은 '단맛 선호도'와 '부드러움 선호도'가 된다.

분류: 숫자 (kNN)
테이블의 숫자 데이터를 가장 가까운 이웃(k개)을 기준으로 각각의 클래스로 분류하는 모델을 학습합니다.

엔트리의 분류: 숫자(kNN) 메뉴

3) kNN 알고리즘에서 K는 이웃이 되는 점들의 개수이다. 학습 조건으로 이웃 개수는 재량적으로 정할 수 있는데, 데이터의 크기에 따라 일반적으로 3~9 범위 내에서 정하는 것이 좋으며, 홀수로 설정하는 것이 좋다. 짝수로 설정할 경우 분류가 불가능한 상황이 생기기 때문이다. 짝수로 설정할 경우 왜 분류가 불가능한 상황이 생길 수도 있는지 kNN 알고리즘으로 데이터가 분류되는 과정을 통해 이해할 수 있다.

kNN 알고리즘의 이해

다음은 kNN 알고리즘으로 데이터가 분류되는 과정이다. 초등학생의 경우 이 과정을 이해하기보다 인공지능 프로그래밍을 통해 데이터를 분류할 수 있다는 것에 더 집중하는 것이 좋다.

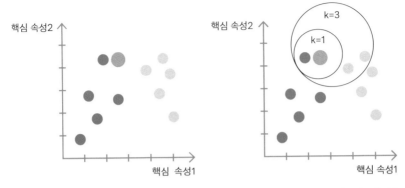

kNN 알고리즘의 K값 이해

　다음 데이터에서 표시한 데이터는 빨간색 집단과 초록색 집단 중
어느 집단에 속할까? kNN 알고리즘에서는 K값(학습 조건)을 먼저 정
해야 한다. 표시한 데이터를 중심으로 K=1일 때와 K=3일 때를 비교
해 보면 다음과 같다.

　표시한 데이터는 K=1인 경우 빨간색 집단으로, K=3인 경우 초록
색 집단으로 분류될 것이다. K가 짝수인 경우를 생각해 보면, 값이
4라고 하였을 때, 이웃한 빨간색의 데이터가 2개, 초록색의 데이터도
2개인 경우가 생길 수 있다. 그 경우 분류가 어려우므로 홀수를 추천
하는 것이다. K값을 데이터 수의 제곱
근 값으로 정하기도 하므로 본 프로젝
트 학습에서는 K의 값을 5로 정하였다.

　K값을 설정한 후 모델을 학습하면 핵
심 속성에 따른 분류 결과를 확인할 수
있다.

결과
학습한 모델의 결과를 확인합니다.

테스트　평가

핵심 속성 1
단맛 선호도　　　　　　　1

핵심 속성 2
부드러움 선호도　　　　　9

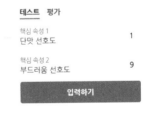
입력하기

분류한 클래스

kNN 알고리즘을 활용한 분류 결과 화면

프로그램 화면과 코드 예시

캐릭터 빵 추천 인공지능 프로그램의 화면 예시는 다음과 같다.

엔트리 프로그램 화면 예시

블록 메뉴	블록	
? 자료	안녕! 을(를) 묻고 대답 기다리기 대답	
AI 인공지능	단맛 선호도 10 부드러움 선호도 10 의 분류 결과	분류: 숫자 모델

본 프로그램에서 사용하는 엔트리 핵심 블록

케이크 오브젝트에 사용된 코드 예시는 다음과 같다.

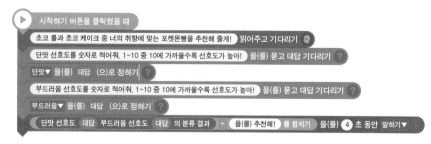

캐릭터 빵 추천 인공지능 프로그램의 코드 예시

프로그래밍 수업 후 활동

학생들이 각자 계획한 프로그램을 만들었으면 엔트리 학급에 공유한 후 발표하도록 한다. 발표 후 선생님과 친구들로부터 받은 피드백을 통해 프로그램을 수정한다. 같은 알고리즘으로 캐릭터 빵 추천 인공지능 프로그램 외에도 노래 추천 인공지능 프로그램도 개발할 수 있다.

캐릭터 빵 추천 인공지능 프로그램을 통해 학생들은 크게 2가지를 배울 수 있다. 소비자로서 상품을 선택할 때 고려할 수 있는 데이터와 기업에서 상품을 판매할 때 활용할 수 있는 데이터이다. 이를 통해 학생들은 가계의 입장과 기업의 입장에서 합리적 선택을 하는 데 도움이 되는 인공지능 프로그램을 만들어볼 수 있다. 이후 인공지능 외에도 4차 산업혁명 기술이 가계와 기업에 미치는 영향에 토의하면 좋다.

- 관련 교과: 사회, 실과(정보), 창의적 체험활동
- 탐구 질문: 세계 여러 나라의 문화를 소개하는 인공지능 음성 챗봇을 어떻게 만들 수 있을까?
- 인공지능 요소: 텍스트 음성 변환 등

사회 과목은 '환경 확대법'을 바탕으로 내용이 구성되기 때문에 '나'부터 '국가'를 넘어 '세계'로 학습 주제의 범위를 확장한다. 따라서 초등학교 3학년부터 6학년까지 여러 학년에 걸쳐 다른 국가에 대해 배울 수 있는 단원이 많이 구성되어 있다. 중고등학교도 마찬가지이다. 이때, 각 학급에서는 배운 내용을 바탕으로 여러 국가의 의식주, 날씨, 문화 등에 대한 내용을 포스터로 만들어 발표하는 수업을 많이 한다. 이 내용을 토대로 프로그램을 만드는 프로젝트 수업을 고안하였다. 모둠별로 4절 도화지나 전지에 세계 여러 나라를 소개하는 글을 적고 사진을 붙인 후 그 내용을 발표하였던 수업이 프로그래밍 수업으로 바뀌는 것이다.

본 수업은 앞선 AI 프로젝트 수업이 어느 정도 진행된 후 하면 더욱 좋다. 학생들이 그동안 배웠던 기술을 복합적으로 사용해볼 기회이기 때문이다. 예를 들어, 프로그램 안에서 내용 설명이 필요한 부분은 텍스트 음성 변환 기술을 사용할 수 있고, 사용자의 음성 인식을 통해 사용자가 알고 싶은 내용을 파악할 수도 있다. 본 프로젝트 수업에서는 교사의 설명과 개입이 줄어들고 학생들이 각자의 개성과 독창적인 디자인을 살려 세계 여러 나라의 전통 옷, 음식, 집 소개 인공지능 프로그램을 만들 수 있도록 하는 것이 가장 좋다. 다음은 사회 교과에서 학습한 내용을 바탕으로 프로그램을 만들 수 있도록 여러 과목의 단원과 차시를 재구성한 AI 프로젝트 수업의 예시이다.

범교과 학습 주제	차시	활동
다문화 교육	1	세계 여러 나라의 전통 옷, 음식, 집 조사하고 정리하기
	2~3	세계 여러 나라의 전통 옷, 음식, 집 소개 인공지능 프로그램 만들기
	4	각국 환경에 따른 다양한 문화 이해하기

다문화 교육 AI 프로젝트 수업 학습 차시 구성

프로그래밍 수업 전 활동

[1차시: 세계 여러 나라의 전통 옷, 음식, 집 조사하고 정리하기]

각 학년의 사회 교과 내용에 맞게 다양한 국가를 조사한다. 초등학교 6학년을 예로 들자면, 학생들은 2학기 사회 수업 시간에 세계 여러 나라의 전통 옷, 음식, 집에 대해 조사 학습을 한다. 초등학교 3학년의 경우 환경에 따른 세계 여러 나라의 의식주 생활 모습에 대해 조사한다. 조사 학습의 방법은 모둠별로 특정 국가를 정해 그 국가에 대한 정보를 자율적으로 조사하는 것이다. 그 후, 수집한 데이터(사진, 글 등)를 정리한다.

프로그래밍 수업 진행

[2~3차시: 세계 여러 나라의 전통 옷, 음식, 집 소개 인공지능 프로그램 만들기]

조사한 내용을 바탕으로 세계 여러 나라의 전통 옷, 음식, 집을 소개하는 인공지능 프로그램을 제작한다.

본 수업에 이용하는 프로그래밍 학습지는 다음과 같다.

세계 여러 나라의 전통 의식주 소개하기	스토리 보드

화면 구성	필요한 오브젝트

순서도

다문화 교육 AI 프로젝트 수업 내 프로그래밍 수업은 다음과 같이 진행한다.

순서

1. 프로그램을 만들기 전, 알고리즘을 구상할 때, 이때까지 배웠던 기술을 활용해 볼 수 있도록 지도한다.

2. 사회 시간에 조사한 내용을 바탕으로 국가별 전통 옷, 음식, 집을 소개하는 프로그램을 만들 수 있도록 아이디어 보드(스토리 보드)를 작성한다.

3. 프로그램의 화면을 프로그래밍 학습지의 '화면 구성' 칸에 그림으로 그린다.

4. 계획한 프로그램의 화면 구성을 바탕으로 필요한 배경과 오브젝트를 '필요한 오브젝트' 칸에 모두 적는다.

5. 각 오브젝트에 어떤 알고리즘이 필요한지 순서도를 작성한다.

6. 작성한 순서도를 바탕으로 프로그램을 만든다.

프로그램 화면과 코드 예시

세계 여러 나라 소개 인공지능 프로그램의 화면 예시는 다음과 같다. 본 프로그램은 총 4개의 장면(시작, 중국의 옷, 중국의 음식, 중국의 집)으로 구성되었다. 4개의 장면 중 2개의 장면과 코드 예시를 소개하고자 한다.

장면의 배경에 사용된 코드 예시는 다음과 같다.

```
▶ 시작하기 버튼을 클릭했을 때
  중국의 옷, 음식, 집 중 무엇에 대해 궁금한지 알려 주세요.  읽어주고 기다리기
  음성 인식하기
  계속 반복하기
    만일  음성을 문자로 바꾼 값 = 옷  (이)라면
      중국의 옷▼ 시작하기
    아니면
      만일  음성을 문자로 바꾼 값 = 음식  (이)라면
        중국의 음식▼ 시작하기
      아니면
        만일  음성을 문자로 바꾼 값 = 집  (이)라면
          중국의 집▼ 시작하기
        아니면
          음성을 인식하지 못하였습니다.  읽어주고 기다리기
          음성 인식을 다시 실행하겠습니다.  읽어주고 기다리기
          처음부터 다시 실행하기
```

세계 여러 나라 소개 인공지능 프로그램의 장면 1 코드 예시

장면 2의 치파오 오브젝트에 사용된 예시는 다음과 같다.

```
장면이 시작되었을 때
중국의 전통 옷의 이름은 치파오입니다.   읽어주고 기다리기
치파오를 소개하겠습니다.   읽어주고 기다리기
치파오는 청나라를 세운 만주족의 기인들이 입던 긴 옷에서 유래하였습니다.   읽어주고 기다리기
치파오는 청 말기부터 중화민국 시절에 서양 의복의 영향을 받아 변화했습니다.   읽어주고 기다리기
2 초 기다리기
시작▼ 시작하기
```

세계 여러 나라 소개 인공지능 프로그램의 장면 2 코드 예시

프로그래밍 수업 후 활동

[4차시: 각국 환경에 따른 다양한 문화 이해하기]

학생들은 각자 계획한 프로그램을 만들었으면 엔트리 학급에 공유한 후 발표한다. 발표 후 선생님과 친구들로부터 받은 피드백을 통해 프로그램을 수정하면 프로그램은 최종 완성된다. 이때 프로그래밍뿐만 아니라 세계 여러 나라에 대해 정확한 정보를 전달하고 있는가에 대해 평가하는 것이 필수적이다. 다른 모둠의 발표를 들으며 세계 여

러 나라의 전통 옷, 음식, 집에 대해 이해하고 어떤 환경이 서로 다른 문화를 형성하는 데 영향을 주었는지 탐구한다.

독도 교육에서 만나는 AI 프로젝트 수업

- 관련 교과: 사회, 미술, 창의적 체험활동
- 탐구 질문: 독도가 우리 땅임을 홍보할 수 있는 다국어 애니메이션을 엔트리로 어떻게 만들 수 있을까?
- 인공지능 요소: 번역, 텍스트 음성 변환 등

MIT에서 스크래치(Scratch)라는 블록형 코딩 언어 프로그램을 개발하며 처음 만든 프로그램 중 하나는 '어머니날(Mother's Day) 감사 카드'이다. '블록형 코딩 언어 프로그램'은 이처럼 텍스트 코딩 언어를 접해보지 못했어도 사람들이 자신의 이야기, 게임, 만화 영화를 쉽게 만들고 공유하고자 하는 데에서 시작된 것이다.

블록형 코딩 언어 프로그램인 엔트리를 활용하여 독도가 우리 땅이라는 것을 세계에 알릴 수 있는 애니메이션을 만들자는 것은 학생들의 아이디어였다. 놀라운 순간이었다. 학생들이 탐구 질문을 스스로 생각해내어 프로젝트 수업의 아이디어를 스스로 낼 수 있는 단계까지 온 것이다. 사회 수업 시간과 독도 교육에서 학습한 내용을 바탕으로 독도 홍보 애니메이션 프로그램을 만들기로 하였고, 세계 여러 나라 사람이 이해할 수 있도록 '인공지능 번역 기술'을 활용하기로 하였다. 다음은 독도 홍보 인공지능 애니메이션을 만들기 위해 여러 과목과 차시를 재구성한 AI 프로젝트 수업의 예시이다.

범교과 학습 주제	차시	활동
독도 교육	1	우리 땅 독도를 홍보하는 애니메이션 시나리오 만들기
	2~3	독도 홍보 인공지능 애니메이션 프로그램 만들기
	4	애니메이션 감상 및 독도 사랑 내면화하기

독도 교육 AI 프로젝트 수업 학습 차시 구성

프로그래밍 수업 전 활동

[1차시: 독도 조사 및 애니메이션 시나리오 만들기]

학생들은 사회 교과뿐만 아니라 도덕 교과, 국어 교과 등에서도 독도와 관련한 내용을 배운다. 또한, 저학년 때부터 통합 교과 및 창의적 체험 활동 수업에서 '독도는 우리 땅'임을 배워왔기 때문에 학생들은 그 사실을 잘 알고 있다. 따라서 고학년이 될수록 독도에 대한 자료를 조사할 때, 다른 국가들에서는 독도에 대해 어떻게 생각하는지, 그 근거는 무엇인지를 같이 조사할 필요가 있다. 독도가 우리 땅임을 홍보하는 애니메이션을 시청할 많은 사람을 이해시킬 수 있는 내용을 담아야 하기 때문이다. 이를 통해 당연한 것도 논리적인 근거를 통해 설명할 수 있는 능력을 키울 수 있다. 조사한 내용을 바탕으로 독도는 어떤 곳이고, 왜 대한민국 땅인지를 소개할 수 있는 애니메이션 시나리오를 만든다.

[2~3차시: 독도 홍보 인공지능 애니메이션 프로그램 만들기]

시나리오를 바탕으로 독도를 홍보하는 애니메이션 프로그램을 제작한다.

본 수업에 이용하는 프로그래밍 학습지는 다음과 같다.

독도는 우리 땅!

스토리 보드

화면 구성

필요한 오브젝트

순서도

독도 교육 AI 프로젝트 수업 내 프로그래밍 수업은 다음과 같이 진행한다.

순서

1. 작성한 애니메이션 시나리오를 바탕으로 독도가 우리 땅임을 홍보하는 프로그램을 만들 수 있도록 아이디어 보드(스토리 보드)를 작성한다.

2. 프로그램의 화면을 '화면 구성' 칸에 그림으로 그린다.

3. 계획한 프로그램의 화면 구성을 바탕으로 필요한 배경과 오브젝트를 '필요한 오브젝트' 칸에 모두 적는다.

4. 각 오브젝트에 어떤 알고리즘이 필요한지 순서도를 작성한다.

5. 작성한 순서도를 바탕으로 프로그램을 만든다.

6. 프로그램을 만들기 전, 알고리즘을 구상할 때, 이때까지 배웠던 기술을 활용해 볼 수 있도록 지도한다.

프로그램 화면과 코드 예시

'독도 홍보 인공지능 애니메이션 프로그램'의 화면 예시는 다음과 같다. 애니메이션이기 때문에 장면의 수가 많다.

애니메이션에서 가장 중요한 것 중 하나는 '캐릭터'와 '배경'이다. 학생들이 직접 그린 캐릭터와 배경을 사용할 수 있도록 하는 것도 좋다. 직접 그린 캐릭터와 배경을 오브젝트로 추가하는 방법은 다음과 같다.

Dokdo is charac terized by its abundant seawee d and seafood.

엔트리 프로그램 장면 1 예시

1) 그린 배경 또는 캐릭터를 전자 기기로 사진 찍는다.

2) 엔트리 '작품 만들기'에서 '오브젝트 추가하기'를 클릭한다.

3) '파일 올리기'를 선택하여 촬영한 파일을 올린다.

이미지 파일 추가 화면

블록 메뉴	블록	
AI 인공지능	한국어▼ 엔트리 을(를) 영어▼ 로 번역하기	번역

잠수부 오브젝트에 사용된 코드 예시는 다음과 같다.

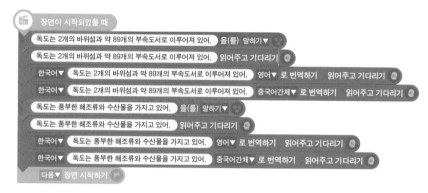

독도는 우리 땅 홍보 애니메이션 프로그램 코드 예시

프로그래밍 수업 후 활동

[4차시: 애니메이션 감상 및 독도 사랑 내면화하기]

학생들은 각자 계획한 프로그램을 만들었으면 엔트리 학급에 공유한 후 발표한다. 발표 후 선생님과 친구들로부터 받은 피드백을 통해 프로그램을 수정하면 프로그램은 최종 완성된다. 엔트리 인공지능 번역 블록을 활용할 경우, 숫자는 번역되지 않고 발음이 좋지 않다는 문제가 있다. 따라서, 번역 블록으로 인공지능 기술을 체험해보는 데 의의를 두며, 다국어 애니메이션의 완성도는 네이버 파파고(Papago)의 음성이나 별도의 편집 프로그램을 활용하여 높이도록 한다. 독도 교육 프로젝트 수업의 경우 '공유'가 가장 핵심이다. 세계 여러 나라 사람들이 볼 수 있도록 만든 애니메이션을 발전시켜 유튜브(YouTube) 등 다양한 SNS 플랫폼에 올려 공유하면 가장 좋다.

6 프로젝트 수업 후 학생들의 자율 활동

선생님께서 학교 내 메이커 교실의 3D 프린터에 유리 덮개를 설치하고 계셨을 때였다. 우리는 선생님께 무엇을 하고 있는지 여쭈었고, 선생님께서는 3D 프린터에서 나오는 물질로부터 안전하기 위해 유리 덮개를 씌우는 것이라 설명해 주셨다. 자주 사용하는 3D 프린터와 관련하여 궁금한 것들이 생겨 자료를 찾기 시작하였고, 3D 프린터에서 나온 유해 물질로 인해 암이 발생할 수 있다는 사실을 알게 되었다.

3D 프린터를 안전하게 사용하기 위해 인공지능을 활용할 수 있지 않을까 생각하였다. 우리끼리 토의를 하는 과정에서 다음과 같은 3가지 탐구 질문이 생겼다.

1) 인공지능이 3D 프린터가 작동 중임을 확인하도록 할 수 있을까?
2) 인공지능이 3D 프린터가 작동 중일 때 메이커 교실에 사람이 있는지 확인할 수 있을까?
3) 3D 프린터가 작동 중일 때 환풍기를 자동으로 켜도록 할 수 있을까?

[탐구 질문 1. 인공지능이 3D 프린터가 작동 중임을 확인하도록 할 수 있을까?]

인공지능이 3D 프린터가 작동 중임을 인식할 방법에 대해 생각하였다. 3D 프린터가 작동 중일 때와 작동 중이지 않을 때 어떤 차이가 있는지 생각하였고, 3D 프린터 내부의 온도가 높아진다는 것과 3D 프린터의 화면이 켜진다는 것을 떠올렸다. 3D 프린터의 온도가 40도 이상이면 3D 프린터가 작동 중이라고 할 수 있다. 온도를 인식하기 위해 마이크로비트의 온도 센서를 이용하였다. 온도뿐만 아니라 3D 프린터의 화면이 켜져 있으면 프린터가 작동 중이라고 할 수 있다. 3D 프린터 화면이 켜져 있는지 구분하는 과정에서는 인공지능의 이미지 분류 모델을 이용하였다.

다음은 마이크로비트가 3D 프린터 내부의 온도를 감지하여 40도 이상이면 3D 프린터가 켜졌음을 확인하는 마이크로비트 관련 엔트리 코드이다.

마이크로비트 관련 코드 예시

또한 프린터가 작동 중일 때와 작동하지 않을 때 3D 프린터의 화면을 인공지능 이미지 분류 모델에 입력하고 학습시켰다.

안전·건강 교육 프로젝트 수업에서 사람을 인식하면 멈추는 자동
차를 만들어본 경험이 있다. 그때 '비디오 인식' 인공지능 블록을 사
용하였던 것처럼, 3D 프린터가 작동 중일 때 '비디오 인식' 블록을 활
용하여 메이커 교실에 사람이 있는지, 있다면 몇 명 있는지 확인하고
사람이 있다면 경고 문구를 방송하기로 했다.

다음은 3D 프린터가 작동 중일 때 메이커 교실에 사람이 있는지
확인하고 경고 문구를 방송하는 엔트리 코드이다.

경고 문구 방송 코드 예시

[탐구 질문 3. 3D 프린터가 작동 중일 때 환풍기를 자동으로 켜도록 할 수 있을까?]

스마트폰으로 전등을 자동으로 켜주는 기기를 본 적이 있었다. 스마트폰과 스위치를 누르는 기기가 연결되어 있어 스마트폰으로 전등을 켤 수 있었다. 그 기기를 떠올리며 엔트리 프로그램과 연결하여 환풍기 스위치를 눌러 주는 로봇을 만들기로 하였다. 만약 프로그램이 3D 프린터가 작동 중이라고 판단하면 로봇이 모터를 이용해 환풍기 스위치를 누르도록 하는 것이다.

로봇에 사용된 엔트리 코드는 다음과 같다.

```
3D 프린터 시작!▼ 신호를 받았을 때
계속 반복하기
  학습한 모델로 분류하기
  만일  분류 결과가 3D 프린터 꺼짐▼ 인가?  (이)라면
    3D 프린터 꺼짐  읽어주기
    3D 프린터 꺼짐  을(를)  4  초 동안 말하기
    3  초 기다리기
  아니면
    3D 프린터 켜짐  읽어주기
    3D 프린터 켜짐  을(를)  4  초 동안 말하기▼
    2  초 기다리기
    모터 회전하기  양쪽▼  앞으로▼  50%▼  2
    모터 회전하기  양쪽▼  앞으로▼  60%▼  2
    1  초 기다리기
    모터 회전하기  양쪽▼  앞으로▼  20%▼  0.4
```

로봇 작동 코드 예시

3D 프린터를 안전하게 사용하기 위해 만든 프로그램은 3D 프린터의 내부 온도가 40도 이상인지, 3D 프린터의 화면이 켜진 상태인지 확인한다. 두 조건을 모두 충족하면 3D 프린터가 작동 중이라고 판단하고 환풍기를 켠다. 3D 프린터가 작동 중일 때 메이커 교실에 사람이 있다면 "3D 프린터가 작동 중입니다. 사람이 ○명 있습니다. 나가주시길 바랍니다."가 방송되도록 한다.

4장

인공지능으로 변화하는 미래 교육

교실에서 만나는 메타버스 수업

- 관련 교과: 국어
- 탐구 질문: 우리의 추억을 오래 간직할 수 있는 공간을 어떻게 만들 수 있을까?

일상을 브이로그(Vlog), SNS 등에 기록하는 것이 당연한 요즘, 우리가 학교에서 함께한 시간 또한 어딘가 기록해두고 싶었다. 학생들의 마음도 마찬가지였다. 우리가 느꼈던 감정, 표정, 마음을 나눈 시간을 추억 속에 오래도록 간직하기 위해 학급 신문을 만들어 벽에 붙여 보았다. 하지만 종이로 만든 학급 신문은 시간이 지남에 따라 떨어지고, 구겨지고, 색이 바래기 마련이었다. 천 년이 지나도 우리의 마음 그대로, 구김 하나 없이 지금 이 순간을 함께할 수 있도록 메타버스를 활용하기로 하였다. 메타버스가 다른 학교로 전학 간 친구, 지구 반대편에 사는 또 다른 친구와 함께할 수 있는 공간이 되길 바랐다. 본 수업을 학기 또는 학년의 마지막에 진행하며 추억을 떠올려 보고 서로 간의 마음을 들여다 볼 수 있다.

다음은 메타버스 활용 수업의 예시이다. 기사문, 여행지 안내문 등 친구들과 공유할 수 있는 내용이 담긴 단원 또는 차시라면 모두 메타버스를 활용할 수 있다.

차시	활동
1	우리 반의 추억 함께 토의하기
2	상황과 목적에 따라 마음을 나누는 방법 분석하기
3~4	마음을 담은 우리 반 뉴스 만들기
5~6	마음을 담은 우리 반 신문 만들기
7~8	우리 반 메타버스 만들기

메타버스 활용 수업 학습 차시 구성

[1차시: 우리 반의 추억 함께 토의하기]

학생들은 둥글게 앉아 한 학기 또는 1년 동안 우리가 함께한 추억에 대해 자유롭게 이야기한다. 3월부터 있었던 일을 빠르게 훑어봐도 좋고, 돌아가며 차례대로 이야기해 보아도 좋다. 내가 즐거웠던 추억을 이야기함으로써 친구들과 함께 한 시간을 돌아보고, 친구에게 행복했던 추억을 들어봄으로써 내가 떠올리지 못한 추억에 대해 생각할 수 있다.

[2차시: 상황과 목적에 따라 마음을 나누는 방법 분석하기]

학생들은 마음을 나누는 글에 들어갈 내용을 분석한다. 마음을 나누는 글에는 편지, 기사문 등이 있고, 글의 종류에 따라 어떤 내용이 들어가야 할지 글의 형식을 이해한다. 글의 형식을 이해하는 과정에서 학생들이 다음 질문에 답할 수 있도록 한다.

"어떤 마음을 나누고 싶나요?"

"나의 글을 읽었으면 하는 대상은 누구인가요?"

"글을 쓰는 궁극적인 목적은 무엇인가요?"

"글을 어떻게 전달하면 좋을까요?"

[3~4차시: 마음을 담은 우리 반 뉴스 만들기]

학생들은 마음을 담은 학급 신문 기사문을 쓰기에 앞서 전하고 싶은 마음을 자유롭게 '말'로 표현한다. 가장 인상 깊었던 추억에 대한 영상 편지를 인터뷰 형식으로 뉴스에 담는다. 이때 추억의 내용과 그때 느낀 감정을 중심으로 말할 수 있도록 한다.

"○○아, 마니또 활동할 때 내가 많이 못 챙겨줘서 미안해."

"프로젝트 학습을 할 때 우리끼리 서로 도와 재밌는 활동을 많이 할 수 있어 행복했어."

모둠별로 제작한 뉴스 영상을 구글 드라이브에 공유한 후 같이 시청한다.

[5~6차시: 마음을 담은 우리 반 신문 만들기]

학생들은 뉴스에 담았던 내용을 글로 바꿔 우리 반의 추억을 담은 기사문을 모둠별로 작성한다. 기사문에 추억이 된 일과 그때 느낀 마음을 담고, 상황, 목적, 읽을 사람을 고려하며 작성하는 것이 중요하다. 글의 개요를 짠 후, 기사문 제작에는 미리 캔버스 또는 캔바

과학의 날

지난 4월 미남초등학교 6-3반 친구들과 메이카메이커 피아노를 만들었다. 피아노를 만든 재료는 우드락, 종이, 구리테이프, 테이프, 가위였다.

메이커메이커라는 앤코에 접자가 된 상태에서 물체를 만지게 되면 전류가 통하기 때문에 메이커메이커 입장에서는 물체를 만졌다고 인식하는 원리이다.

다 함께 만들고 완성을 하니 왠지 모를 뿌듯함이 느껴졌다. 그리고 협동심을 생기고 우리가 다 함께 모여서 커다란 하나의 작품을 만든다는 것도 좋았다.

다음번에 기회가 된다면 반친구들 다 같이 또 하나의 작품을 만들고 싶다.

기자 김도윤, 김규리

3모둠

스포츠 홀릭데이

지난 5월, 6학년 전체에서 스포츠 홀릭데이가 있었다. 종목은 피구, 축구, 릴레이로 3종목 이었으며 피구와 축구 중 피구를 하고 싶어하는 학생들이 가장 많았다.

스포츠 홀릭데이 때 원하는 종목으로 참여를 할 수 있어서 좋았다. 또한 모든 학생들이 즐기며 운동을 할 수 있어서 좋았다. 6학년 전체가 하지 않고 우리 반 끼리만 했다면 어떻게 됐을까?라는 의문점도 있었다. 2학기 때도 이런 행사를 기대해 보겠다.

강예주 기자

삼파르타 사진전시회

2022년 4월 삼파르타 사진 전시회 개최

체험학습 활동소감

2022년 4월, 6학년 3반의 사진전시회가 개최됐다. 6학년 3반 학생들은 재밌는 사진들을 올려 우승사진을 쉽게 결정하지 못했다고 한다. 우승사진의 당사자, 김시우 학생을 인터뷰 해봤다. 김시우 학생은 "그냥 생각나는 대로 만든것 뿐인데 우승을 해서 기쁩니다. 다음에 또 참여하고 싶습니다."라고 했다. 투표는 정당하게 진행했고 재밌는 사진보고 감탄과 웃음이 끊임없이 나왔다고 한다. 이를 따라 6학년 3반의 선생님은 학생들이 원한다면 또 할 생각이 있다고 하셨다. 몇몇 학생들은 재밌어서 다음에 또 하고 싶다는 의사를 밝혔다. 만약 또 사진전시회를 연다면 첫번째 사진전시회 보다 더욱 더 재밌는 사진이 나오지 않을까 싶다.

강인경 기자

다체험 프로젝트

6모둠
이주헌, 박연승

2022년 7월, 미남초등학교 중앙현관에서 진행 되었던 다체험 프로젝트.

과학행사로 만든것을 체험 해 보았습니다.

전교생이 이 프로젝트에 만족 하였습니다. 6학년들은 거대피아노, 작은 악기들을 만들고 가장 인기가 많았습니다.

5학년들은 과학, 우주와 관련된 작품을 만들어 전시하였고, 6학년의 작품이 가장 인기가 많았다 라는 것을 알 수 있었습니다.

6학년 아이들을 조사해 본 결과 또 다시 이 다체험 프로젝트를 진행 했으면 좋겠다는 의견이 많이 나왔습니다.

이것으로 인해 협동심을 기를 수 있었고 전교생이 재미있어 하였습니다.

우리 반 신문 예시

(Canva)와 같은 자료 제작 사이트를 이용한다. 완성한 기사문을 모둠별로 돌려 가며 읽고 점검한 후 고쳐 쓴다.

[7~8차시: 우리 반 메타버스 만들기]

작성한 우리 반 신문을 전시할 메타버스를 만든다. 학생들과 메타버스의 디자인을 논의하였고, 2~3층으로 이루어진 3D 공간으로 결정하였다. 이를 위해 모질라 허브(Mozilla Hubs)를 이용하였다. 학생들과 함께 각 기사문과 소품을 어디에 배치할지 이야기하며 메타버스를 구상하였다. 구상한 메타버스에서 친구들과 함께한 추억을 돌아보고, 사진을 찍기도, 대화를 하기도 하였다. 학부모, 다른 반 학생들, 전학 간 학생도 함께하며 교육 공동체가 마음을 나눌 수 있는 시간을 가졌다.

수업이 끝난 후 학생들은 다음과 같이 말하였다.

"수업 시간에도, 방과 후에도, 언제 어디서든 우리가 함께한 추억을 친구들과 볼 수 있어 행복해요. 우리의 따뜻한 마음이 가상 세계에 가득 찬 것 같아요!"

학생들은 메타버스를 활용한 수업을 통해 서로에게 느끼는 행복하고 고마운 마음을 영원히 남길 수 있는 경험을 하였다. 소통으로 하나가 된 우리 반을 볼 수 있었다.

4장 인공지능으로 변화하는 미래 교육

앞선 대부분의 프로젝트 수업에서 데이터를 사용하였다. 4차 산업혁명 시대에 데이터는 여러 결과를 얻을 수 있는 자원 중 하나이다. 각 데이터에서 도출한 분석 결과가 서로 다르기 때문이다. 본 책에서 설명된 프로젝트 수업 안에서도 학생들이 데이터를 '수집', '분석', '처리'하는 과정을 학습할 수 있지만, 교과 수업 자체에서도 데이터를 학습할 수 있다. 학생들은 매 학년 국어 교과와 수학 교과에서 데이터를 만날 수 있다. 국어 교과의 조사 및 발표 단원과 수학 교과의 그래프 단원을 활용하면 된다.

[데이터 수집]

학생들은 데이터를 수집할 때 KOSIS 국가통계포털을 활용할 수 있다.

KOSIS 국가통계포털 검색 결과

통계분류(1)	통계분류(2)	2022 표본수	휴식활동	취미오락활동	스포츠참여활동	사회및 기타활동	관광활동	스포츠관람활동	문화
전체	소계	10,046	55.6	21.9	8.5	5.8	2.6	2.3	
성별	남성	4,893	51.4	23.7	10.6	4.4	2.6	4.2	
	여성	5,153	59.6	20.1	6.3	7.2	2.6	0.4	
연령별	15-19세	487	32.3	4.9	6.9	11.5	0.8	2.1	
	20대	1,371	32.5	35.5	12.9	9.1	1.5	2	
	30대	1,433	41.3	27.5	10.7	5.6	4.4	3.2	
	40대	1,717	55.2	21.6	7.9	5.9	3.7	2.7	
	50대	1,831	61.2	18.8	8.3	4.7	2.3	2.5	
	60대	1,707	69.8	11.9	8	3.7	2	2.5	
	70세이상	1,500	79.6	9.2	3	4.3	2.1	0.6	
학력별	초졸 이하	1,146	80	10.2	2.6	3.7	0.7	1.1	
	중졸	1,136	64.6	20.2	3.6	6.3	1.7	1.3	

지난 1년동안 가장 많이 참여한 여가활동(1순위)

통계분류(1)	통계분류(2)	2022 표본수	TV시청	산책 및 걷기	모바일 콘텐츠 시청	낮잠	음악감상	목욕/사우나	여행
전체	소계	10,046	86.4	74.2	60.7	52.7	44.3	41.9	
성별	남성	4,893	84.7	69.3	63.2	52.4	42.3	38.4	
	여성	5,153	88	79.1	58.3	53	46.2	45.5	
연령별	15-19세	487	77.8	57.2	81.3	52.5	75.4	27.8	
	20대	1,371	74.7	63.3	81.3	52.4	66.4	33.4	
	30대	1,433	79.7	68.8	78.5	52.1	55.2	38	
	40대	1,717	87.5	73	72.6	49	45.2	42.2	
	50대	1,831	90.5	77	59.9	48.5	38.7	49	
	60대	1,707	93.1	82.7	42.8	53	29.8	47.8	
	70세이상	1,500	95	96.5	16.1	64.4	19.1	43.8	
학력별	초졸 이하	1,146	95.4	81.6	19.9	69.6	23.1	40.7	
	중졸	1,136	90.1	77.5	43.8	55.8	37.2	39	
	고졸	3,790	86.7	73.4	60.4	51.1	43.2	43.9	
	대졸이상	3,974	83.4	72.6	73.8	49.9	51.3	41.1	

지난 1년 동안 한번이상 참여한 여가활동 유형(복수응답)-휴식활동

'2022년 우리나라 국민이 여가 시간에 가장 많이 즐긴 활동'을 주제로 발표 수업을 한다고 가정하자. KOSIS 국가통계포털에 주제와 같이 '지난 1년 동안 가장 많이 참여한 여가활동'이라 검색하여 원하는 데이터를 찾을 수 있다.

많은 데이터 중 〈지난 1년동안 가장 많이 참여한 여가활동(1순위)〉 자료를 통해 성별, 연령별로 2022년에 사람들이 가장 많이 즐긴 여가활동을 찾을 수 있다. 데이터를 통해 여가활동 유형 중 '휴식활동'이 55.6%로 가장 많은 것을 볼 수 있다.[*]

조금 더 구체적으로 파악하기 위해 〈지난 1년 동안 한번이상 참여

---

[*]   문화체육관광부, 〈지난 1년동안 가장 많이 참여한 여가활동(1순위)〉, 국민여가활동조사, 2022.

KOSIS 통계 놀이터

한 여가활동 유형(복수응답)-휴식활동〉데이터를 살펴본다.[*]

'TV 시청(86.4%)'이 가장 많고, 연령대가 높을수록 응답률이 더 높음을 확인할 수 있다. 반면, '모바일 컨텐츠 시청'은 연령대가 낮을수록 응답률이 더 높음을 확인할 수 있다.

이처럼 데이터를 수집할 때 공신력 있고 수치가 정확한 데이터를 수집하는 것이 중요하다. 학생들은 검색 포털 사이트에서만 데이터를 수집하는 경향이 있는데, 통계 사이트를 활용하는 습관을 들일 수 있어야 한다. 초등학생의 경우, KOSIS 통계 놀이터를 활용하는 것을 추천한다.

KOSIS 통계 놀이터는 학년별 교과 내용과 관련한 데이터도 따로 정리되어 있어 수업 시간에 활용하기 용이하다. 초등학교 4학년 2학기 사회 교과 내용 중 '촌락의 인구 구성 변화'와 관련한 데이터를 살펴보면 다음과 같다.

---

[*]   문화체육관광부, 〈지난 1년 동안 한번이상 참여한 여가활동 유형(복수응답)-휴식활동〉,
       국민여가활동조사, 2022.

134

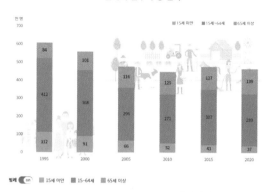

촌락의 인구 구성 변화

촌락의 인구 구성 변화 데이터

통계청에서 제공한 '촌락의 인구 구성 변화' 데이터를 통하여 학생들은 직관적으로 촌락에 15세 미만의 인구가 점차 줄고 있음을 알 수 있다.[**]

이 외에 직접 조사 활동을 하여 데이터를 수집하는 방법도 있다. 이는 앞선 인성 교육 AI 프로젝트 수업에서 자세히 설명하였다. 오프라인 설문 조사판을 만들어 데이터를 수집하여도 좋고, 온라인 설문 조사지를 만들어 사용하여도 좋다.

데이터를 수집하였으면 생성하는 자료에 데이터의 출처를 반드시 기재하여야 한다. 이를 통해 저작권을 보호할 수 있음은 물론 만든 자료를 보는 사람들도 추가적인 자료를 찾는 데 도움을 얻을 수 있다는 사실을 배우게 된다.

[**]   통계청, 〈인구총조사〉

이처럼 다양한 자료를 수집하며 학생들은 여러 가지 자료의 특성을 정리해 볼 수도 있다. 이 내용은 초등학교 6학년 1학기 국어 3단원 '짜임새 있게 구성해요'에서 학습할 수도 있지만 데이터를 수집하는 과정에서 한 번 정리해 보아도 좋다. 정리한 내용을 바탕으로 본인이 말하고자 하는 주제를 어떤 자료로 표현할 수 있을지 알 수 있기 때문이다.

[데이터 분석 및 정리]

1. 구글 스프레드시트로 데이터 분석 및 정리하기

학생들은 데이터를 분석 및 정리할 때 수집한 데이터를 도표나 그래프 등으로 나타낸다. 구글 스프레드 시트로 데이터를 정리하는 방법은 다음과 같다.

1) 주제와 관련하여 수집한 데이터를 표로 정리한다.

2 표를 드래그하여 선택한다.

3) 메뉴에서 '삽입'-'차트'를 클릭한다.

4) 그래프가 자동으로 만들어진다. 생성된 그래프를 확인한다. 여기서 표의 숫자를 바꾸면 그래프도 자동으로 수정된다.

2. 구글 데이터 GIF 메이커로 데이터 분석 및 정리하기

구글 데이터 GIF 메이커(Google Data GIF Maker)로 움직이는 그래프를 만들 수 있다.

1) 데이터 GIF 메이커에 접속한다(https://datagifmaker.withgoogle.com/).

2) 수집한 데이터에 잘 어울리는 그래프 형태를 선택한다.

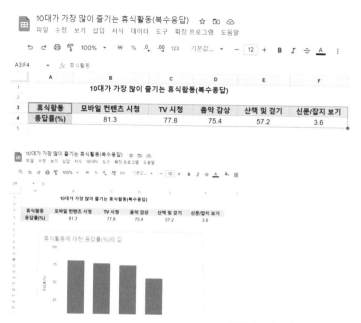

구글 스프레드 시트로 정리한 데이터

10대가 가장 많이 즐기는 휴식활동

10대가 가장 많이 즐기는 휴식활동

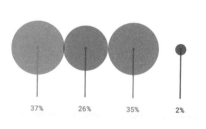

구글 데이터 GIF 메이커로 정리한 데이터

3) 항목의 수만큼 항목을 추가한 후, 각 항목의 내용과 수치를 입력한다.

4) 움직이는 그래프를 확인한 후, 그래프를 GIF 형태로 저장(SAVE GIF)한다.

기본적인 그래프도 좋지만, 발표에서 움직이는 그래프를 사용할 경우 청중들의 이목을 더 집중시킬 수 있다. 해당 사이트는 사용 방법이 어렵지 않기 때문에 한 번 학생들에게 가르쳐 주면 이후 자유자재로 잘 사용하는 것을 볼 수 있다. 항목의 수에 제한이 있다는 것이 큰 단점이다. 항목의 수가 2~4개인 경우에만 사용할 수 있다.

빅카인즈에서 뉴스 데이터를 분석하기(데이터 마이닝)

뉴스 데이터를 분석하고 정리할 때 빅카인즈(Big Kinds)의 워드 클라우드 기능을 사용할 수 있다.

1) 빅카인즈에 접속한다.

2) 메뉴 중 '뉴스 분석'-'뉴스 검색 분석'을 클릭한다.

3) 발표할 주제에 대한 기본 검색어(예) K팝)를 입력한다. 비회원의 경우 기간 설정은 '3개월'까지 가능하다.

4) '검색 결과'에서 검색된 뉴스를 확인한다.

5) '분석 및 결과 시각화'에서 '연관어 분석'을 클릭한 후, 워드 클라우드의 내용을 확인한다.

K팝을 검색하였을 때 나오는 연관어 워드 클라우드를 통하여 최근 3개월 간 '블랙핑크', '뉴진스'가 많은 화제가 되었음을 알 수 있다.

[데이터 발표]

학생들은 데이터를 정리한 내용과 시사점에 대하여 발표한다. 다른 학생들은 발표 내용을 경청하며 데이터의 적합성과 본 데이터로 도출할 수 있는 또 다른 시사점을 생각해본다.

[데이터의 중요성]

인공지능에 입력되는 데이터가 왜 중요한지 AI포오션스(AI for Oceans)와 퀵드로우(Quick Draw)를 체험하며 알 수 있다.

AI포오션스를 통해 어떤 데이터를 학습하느냐에 따라 인공지능의 정확도에 차이가 있음을 배울 수 있다. AI포오션스는 인공지능에게 물고기를 학습시켜 데이터 분류를 하는 과정을 보여준다. 바다에 쓰

레기만 분류하여 청소하려고 할 때, 어떤 것이 쓰레기이고, 어떤 것이 물고기인지 데이터를 잘 학습시켜야 한다.

　정확한 데이터를 충분한 양으로 학습시켰을 때는 물고기를 정확하게 인식하는 인공지능을 볼 수 있다. 그러나, 정확하지 않은 데이터를 입력하였거나 입력한 데이터의 수가 많지 않으면 쓰레기도 물고기로 인식하는 것을 볼 수 있다. 이를 통해 정확하고 충분한 데이터를 인공지능 학습시키는 것이 얼마나 중요한지 이해할 수 있다.

　퀵드로우는 구글 낙서 데이터가 학습된 인공지능이다. 제시된 단어에 맞는 그림을 그리면 인공지능이 사용자가 그린 그림이 무엇인지 맞힌다. 사용자가 그린 그림이 무엇인지 어떻게 알 수 있을까? 구글 낙서 데이터에는 다음과 같은 계단 낙서 데이터가 있다.

퀵드로우의 데이터

퀵드로우 인공지능은 위 데이터가 학습된 상태이기 때문에 사람들이 그린 계단 그림을 보고 다른 사용자들의 계단 그림과 비슷하다고 판단하여 계단으로 인식한다. 여기서 재미있는 것은 직접 그린 계단 그림 또한 자동으로 구글 낙서 데이터의 새로운 데이터로 저장된다는 것이다. 이 과정을 통해 데이터가 인공지능의 판단에 얼마나 중요한지 이해할 수 있다.

4차 산업혁명 시대에 들어서며 로봇은 우리 삶의 일부가 되어가고 있다. 고속도로 휴게소에 들려 음료를 한 잔 주문하려고 하니, 점원은 없고 키오스크와 로봇만 보인다. 컴퓨터 프로그램에 따라 로봇이 자유자재로 움직여 음료를 제조하는 것이다. 카페 로봇과 같이 학생들도 개발한 프로그램을 다양한 아두이노*와 로봇 교구에 연결할 수 있다. 이 과정을 우리는 '피지컬 컴퓨팅'이라고 한다. 손으로 만질 수 없는 프로그램을 현실 세계에서 만질 수 있는 물체에 접목시키는 것이다.

　피지컬 컴퓨팅 수업을 진행할 때에는 컴퓨터 프로그램을 먼저 만들어본 후, 피지컬 컴퓨팅 교구와 연결하는 것이 컴퓨팅 사고력 향상에 더 효과적이다. 예를 들어, 손바닥을 카메라에 비추면 이동하는

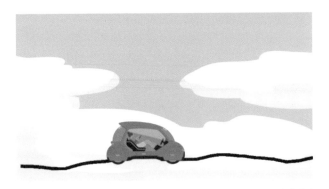

기본 프로그램의 화면

＊　　Arduino, 전자기기를 쉽게 조종하기 위해 만들어진 오픈소스 하드웨어 플랫폼

```
학습한 모델로 분류하기 🎵
만일  분류 결과가 손바닥▼ 인가?  (이)라면 🎵
  계속 반복하기 🎵
    이동합니다. 을(를) 말하기▼ 🎵
    이동 방향으로 3 만큼 움직이기 ⟳
    만일  벽▼ 에 닿았는가?  (이)라면 🎵
      모든▼ 코드 멈추기 🎵
```

프로그램 코드 예시

 자동차 로봇을 프로그램으로 작동시킬 경우, 자동차 프로그램을 먼저 프로그램상 만들어본 후, 로봇 프로그램으로 발전시키는 것이다.

 학생들은 배운 인공지능 기술을 바탕으로 레고와 여러 가지 센서를 활용하여 자율주행 스마트카를 만들 수 있다. 인공지능의 개념과 자동차의 구조를 바탕으로 로봇에 대해 학습할 수 있는 수업을 소개한다.

 [1차시: 인공지능의 개념과 자동차의 구조 이해하기]

 모둠별로 우리가 배운 인공지능 기술을 떠올려보고 자율주행 자동차에 어떻게 접목할 수 있을지 토의한다. 음성 인식 기술을 이용하여 위급한 상황에 "멈춰!" 라고 말하면 차가 멈출 수 있도록 하거나, 이미지 인식 기술을 이용

3D 펜으로 제작한 자동차

하여 핸들 없이 운전할 수 있는 자동차를 만들 수 있다. 또한, 인공지능 기술은 아니지만, 자동차에 적외선 센서를 붙여 위험물을 감지할

수도 있다. 다음 활동으로 자동차의 구조를 분석하여 3D 펜으로 미니 자동차를 디자인한다. 모둠별 개성을 담아 자율주행 자동차에 필요한 부품은 넣되, 원하는 디자인으로 차를 만들 수 있도록 한다.

[2차시: 자율주행 스마트카 조립하기]

로봇 교구를 활용하여 자율주행 스마트카를 조립한다. 앞서 디자인한 내용을 바탕으로 조립하되, 빠르고 정확하게 움직일 수 있도록 만든다. 마찰력, 무게 등 자동차의 움직임을 원활하게 하는 다양한 요소를 생각해 보는 것

자율주행 스마트카 조립

이 중요하다. 너무 무겁게 만들면 달리는 도중 부품이 떨어질 수도 있고, 센서의 위치에 따라 감지 정확도가 달라질 수 있다. 로봇 교구에 없는 부품이 필요할 경우, 3D 프린터를 활용하여 부품을 출력할 수 있다. 싱기버스에서 모델링된 레고를 사용하거나 틴커캐드에서 필요한 레고를 모델링한다. 부품 출력 시 이상이 없는지 모둠원과 지속적으로 점검한다.

[3~4차시: 자율주행 스마트카 프로그램 만들기]

엔트리를 활용하여 자율주행 스마트카에 필요한 프로그램을 만든다. 그리고 확장 블록 메뉴를 활용하여 로봇 교구를 엔트리와 페어링한다. 여러 가지 센서를 활용할 수 있는 블록과, "출발!", "앞으로!",

"멈춰!" 등 음성을 인식할 수 있는 인공지능 블록을 활용할 수도 있고, 다양한 카드를 인식할 수 있는 인공지능 블록을 활용할 수도 있다. 적외선 센서를 활용하면 자동차가 장애물을 감지하였을 때 자동으로 방향을 바꾸도록 프로그래밍할 수 있다.

프로그램 코드 예시와 직접 만든 자율주행 스마트카 사진

[5~6차시: 자율주행 스마트카 경주하기]

경주에서 좋은 성적을 거두기 위해 모둠별로 만든 자율주행 스마트카가 잘 움직이는지 확인한다. 잘 움직이지 않는다면 모둠별 토의를 바탕으로 수정 및 보완한다. 특히 인공지능 기술이 제대로 작동되는지 확인하는 것이 가장 중요하다.

모둠별로 만든 자율주행 스마트카를 각자 프로그래밍한 방식대로 작동시킨다. 어떤 차가 코스를 가장 빠르게 통과하는지 대결한다. 수업 시간을 고려하여 토너먼트 경기로 진행하며 응원 점수를 편성하여 모든 학생들이 서로를 독려하는 분위기를 만들 수 있도록 한다. 허들 등 장애물과 함께 경기장을 구성하면 더 다이나믹한 경기를 만들 수 있다.

경기를 마무리하며, 1등을 한 자동차의 우승 조건을 분석한다. 이를 바탕으로 자율주행 스마트카의 미래에 관하여 생각해 본다.

발표 자료나 프로그램의 배경 등을 만들 때 저작권 문제가 없는 사진 또는 검색되지 않는 사진이 필요할 때가 있다. 예를 들어 '2마리의 북극곰이 사막에서 물을 마시고 있는 사진'을 구하기는 쉽지 않을 것이다. 해당 수업이 미술 교과의 성취기준을 달성하기 위한 수업이 아니라면, 생성형 인공지능을 사용하는 것도 좋은 방법이다.

[캔바(Canva)]

자료 디자인 툴인 캔바에는 생성형 인공지능 기능이 탑재되어 있다. 캔바의 여러 가지 앱 중 '텍스트 투 이미지(Text to Image)' 앱을 사용하면 글로 표현한 내용을 그림 또는 사진으로 바꿀 수 있다.

1) 캔바에 접속한다.
2) 로그인 후 '디자인 만들기'를 클릭한다(구글 로그인 가능).
3) 디자인을 만드는 창에서 메뉴 중 '앱'을 클릭한 후 '텍스트 투 이미지' 앱을 선택한다.
4) 만들고 싶은 이미지를 글로 설명한다. 원하는 이미지의 스타일과 크기를 선택한 후 '이미지 만들기'를 누르면 그 내용이 이미지로 생성된다.
5) 생성된 이미지 중 마음에 드는 이미지를 선택하여 사용하거나 '다시 만들기'를 클릭하여 다른 이미지를 생성하도록 한다.

캔바를 통해 생성한 이미지

인공지능 플랫폼 뤼튼을 이용하면 인공지능 채팅, 이미지 생성 등을 자유롭게 할 수 있다.

1) 뤼튼에 접속한다.
2) 로그인을 한다(구글 로그인 가능).
3) 다음 창에서 이미지 생성을 원할 때는 "~그려 줘."라고 입력하고, 인공지능 채팅을 원하는 경우 궁금한 내용을 입력한다.
4) 생성된 결과를 확인한 후 사용한다. '다시 생성'을 클릭하여 노 나른 이미지를 생성할 수도 있다.

이미지 생성 외에도 인공지능 채팅 기능을 통해 학생들은 수업 후 궁금했던 내용을 언제, 어디서든 자유롭게 해결할 수 있다. 개개인의 학습 특성과 수준에 맞는 자기 주도적 학습이 가능해진 것이다.

뤼튼 실행 화면

뤼튼을 통해 생성한 이미지

생성형 인공지능으로 학생들은 머릿속에만 있었던 빛이 나는 생각들을 자신 있게 표현할 수 있다. 사고의 가치를 높이고 그 아이디어를 모아 더 멋진 창조를 일궈 낼 수 있다. 교사는 학생들이 이 과정을 경험할 수 있도록 도와야 한다.

생성형 인공지능의 단점도 물론 있다. 완성된 단계의 인공지능이 아니기에 부정확한 정보가 있을 수 있다는 것, 학생들의 창의성을 저해할 수 있다는 것 등이다. 또한 질문 하나를 해결하기 위해 수십 권의 책을 뒤져보고 해결되지 않아 울어 보는 경험이 학생들에게 필요한 순간도 있다. 특히 나이가 어릴수록, 초등학생일수록 이런 경험은 매우 중요하다. 하지만 생성형 인공지능의 단점만 바라보며 피하기보다 그 이점을 잘 활용할 줄 알아야 한다. 생각은 많으나 표현을 두려워하는 학생에게, 언제 어디서든 스스로 궁금한 점을 탐구하고자 하는 학생에게 생성형 인공지능은 큰 도움이 되기 때문이다.

한 학급 안에서도 다양한 특성을 가진 학생들이 공존한다. 이것이 인간의 매력인 것 같다는 생각이 들기도 한다. 이는 또한 예술이 아름다운 이유이기도 하다. 같은 것을 보고도 다른 생각을 하고, 그 생각을 다양하게 표현할 수 있기 때문이다. 하지만 많은 학생은 예술인을 한다는 것을 어렵게 느끼는 듯하다.

"미술이 제일 싫어요."
"저는 그림을 못 그려요."
"전 음악에 재능이 없어요."

내가 교사로 재직하는 동안 학생들에게 들은 말이다. 만약 자신이 생각한 대로 무엇인가를 자유롭게 표현할 수 있다면 예술을 조금 더 가깝게 느낄 수 있을까.

1학기 미술 첫 시간, 책상 위에 색연필과 사인펜 대신 태블릿 PC를 놓도록 하였다. 우선, 학생들과 2가지 예술 작품을 감상하였다. 하나는 마르셀 뒤샹의 〈샘〉, 다른 하나는 존 케이지의 〈4분 33초〉이었다. 학생들의 눈만 봐도 당황스러움을 느낄 수 있었다. 한 학생은 이렇게 말하였다.

"선생님, 제 필통에 으스러진 지우개가 있는데, 얘도 사연이 있거

든요. 예술 작품이 될 수 있는 건가요?"

"우리 모두 생각과 감정이 있고 그 내용은 각자 다르기에 내가 어떤 생각과 감정이 있는지 드러낸다면 그것도 예술이 될 수 있단다."

그리고 태블릿 PC로 '오토드로우(Autodraw)'에 접속하게 했다. 국어 시간에 작성한 시와 어울리는 시화를 그리는 것이 수업 주제였다. 강아지를 그린다. 화면 속엔 멋지게 그려진 강아지가 나타난다. 집을 그린다. 화면 속엔 정교하게 그려진 집이 나타난다. 그리고 시화가 완성된다. 내가 그리고 싶은 것이 태블릿 PC에 표현되는 것을 보며 학생들은 오랜만에 미술 시간을 즐겼다고 말하였다. 하지만 여기서 우리는 또 하나의 의문이 생긴다. 내 그림은 예쁘지 않고, 인공지능이 그린 그림은 예쁜 것일까? '예쁜 그림'의 기준은 무엇일까?

'예쁘다'의 사전적 정의는 '생긴 모양이 아름다워 눈으로 보기에 좋다'이다. 사람마다 표현 방법이 다양한 만큼 예쁘다는 기준도 다양할 수밖에 없다. 내 눈으로 보기 좋으면 '예쁘다'라고 말하는 것이다. 예를 들어, 내가 그린 그림이 친구 A의 눈에는 예뻐 보일 수도 있지만 친구 B의 눈에는 그저 그럴 수도 있다. 오토드로우의 그림이 완벽해 보일수는 있겠지만 내 눈엔 학생들이 수줍게 그린 그림도 아름답다. 학생들도 그것을 느끼는 듯하였다. 따라서 시화를 완성하기 위해 오토드로우에서 가지고 오고 싶은 부분만 가져오고 남은 부분은 자신이 원래 그린 그림으로 두기로 하였다. 색칠을 한 후 그림 위에 시를 적으니 멋진 시화가 탄생하였다. 그리고 친구들과 패들렛에 시화를 공유해 시화 갤러리를 만들었다. 학생들은 수업이 끝난 후 이렇게 말하였다.

"선생님, 제가 표현하고 싶은 것이 무엇인지 알겠어요!"

학생들의 시화 작품

    오바마 미국 전 대통령이 한국에 왔을 때 기자회견에서 한국 기자들에게 질문의 기회를 준 적이 있다. 하지만 단 한 명도 질문을 하지 않았다. 오히려 다른 국가의 기자들이 질문을 하려고 손을 들었다. 이 영상은 유튜브를 통해 많은 이들에게 퍼졌다.

유독 발표하기를 어려워하는 학생들에게 발표가 어려운 이유를 물어보았다. 학생들은 자신의 대답이 정답이 아닐 것 같다는 생각이, 자신의 질문이 이상할 것이라는 생각이 든다고 한다. 자신을 표현하는 것에 왜 제한을 두는 것일까? 윤리적으로 잘못된 것만 아니라면 표현에 틀린 것이 어디 있을까? 미술 수업이 끝나고 학생들은 다른 교과 수업에서도 손을 번쩍 들기 시작했다. 손을 들지 않던 학생들도 자신의 이야기를 한번 해 보기 위해 수줍게 손을 든다. 그리고 다른 친구들의 이야기도 들어본다. 교실에 표현의 장이 열렸다.

뉴스에서는 인공지능이 인간의 모든 영역을 침범하고 있다고 보도한다. 침범인지 도움인지는 우리 인간의 손에 달려 있다. 인공지능이 예술의 영역까지 침범한다는 생각보다 모든 인간이 예술의 주체가 될 수 있는 길을 인공지능이 열어준다고 생각해 보면 어떨까 싶다.

앞서 인공지능이 예술교육에 주는 긍정적 효과에 관해서 이야기했다면, 이번에는 다른 관점에서 바라보려고 한다. 실제 교육 현장에서 간간히 AI를 활용한 수업이 보인다. 예를 들어 '오토드로우 활용하기'이다. '오토드로우'는 '구글'에서 만든 인공지능 웹 사이트로써, 오토드로우에 접속해 그림을 그리면 AI가 사용자의 의도를 짐작해 다양한 추천 그림을 제시한다. 사람들이 특정 사물 또는 인물 등을 그릴 때의 패턴을 이용하여 추천 그림의 데이터베이스(DB)를 만들었다.

　미술 시간이다. 오토드로우에 그림을 그린다. 내가 '사자'를 구체적으로 그리지 못해도 인공지능이 미술 전공자가 그린 듯한 '사자' 그림으로 바꿔준다. 그렇게 동물원 그림이 완성되고 그림을 발표한다. 이는 '예술'이라고 할 수 있을까? 예술의 의미는 다음과 같다.

　'미적 작품을 형성시키는 인간의 창조 활동'

　오토드로우를 이용한 수업을 하며 학생들이 예술과 가까워지고 자신감을 얻게 되는 계기가 되었지만, 여러 차례의 수업을 하며 '이것을 예술이라고 할 수 있을까'라는 의구심이 생겼다. 오토드로우에 그려진 작품을 다시 따라 그리기 등을 통해 직접 그림을 그리도록도 해보았지만 이 의구심은 사라지지 않았다. 특히 오토드로우에 그려진 그림 자체로 수업을 마무리한다면 학습 목표를 달성한 것인가에 대해 생각해 볼 수 밖에 없었다.

　예술은 주관적이기에 아름답다. 사람마다 표현하는 방식과 이해하는 방식이 다르기 때문에 그 가치가 빛나는 것이 예술이다. 하지만 오토드로우를 활용하면 모든 사람이 사물을 같게 그릴 수 밖에 없게 된다. 예를 들어 내가 보는 사과는 하트 모양이지만, 누군가는 그 사과를 원 모양으로 볼 수 있다. 난 그 사과의 색을 다홍색으로 보지만, 누군가가 보기엔 노란빛이 더해졌을 수도 있다. 그 날의 감정, 그 순간의 조명 등에 따라 모든 것이 다르게 보인다. 그럼에도 오토드로우는 내가 본 그 사과를 '데이터베이스에 있는 사과'로 그린다.

　머신러닝에서 딥러닝까지. 인공지능이 그림도 그리고, 소설도 쓰고, 음악도 작곡한다. 이 모든 것은 '사람이 좋아하는 그림, 책, 음악'이 데이터베이스가 된 결과이다. 오토드로우도 마찬가지이다. 사람들이 '잘 그렸다'라고 생각할만한 그림을 만들어준다. 난 교사로서 '잘 그렸다'고 말할 수 있는 그림보다 '잘 표현했구나'라고 말할 수 있는 그림을 그리도록 수업을 이끌고 싶다. 그럼 우리는 오토드로우라는 사이트를 교육에서 어떻게 활용해야 할까?

　첫째, 인공지능의 원리를 설명하는 데 활용한다. 초등학생들에게 머신러닝, 딥러닝 등의 개념을 이해한다는 것은 어려운 일이다.

1) 학생들에게 칠판에 '고양이'를 그려보게 한다.
2) 고양이를 그리는 순서, 특징 등에서 공통점을 함께 찾아본다.(고양이 그림을 픽셀화시키는 방법도 좋다.)
3) 그 공통점을 바탕으로 이 그림들이 '고양이'를 그린 것임을 찾을

수 있음을 지도한다.

이 과정을 통해 학생들은 인공지능의 학습 과정을 조금 더 쉽게 이해할 수 있다.

둘째, 표현하고 싶은 바를 표현하기 너무 어려울 때 오토드로우를 활용한다. 예를 들어, 호랑이를 어떻게 그릴지 막막해하는 학생이 있다면 그림 그리기를 포기하지 않도록 오토드로우에 호랑이를 그려 잘 그려진 호랑이 그림을 볼 수 있도록 한다. 여기서 오토드로우가 그린 호랑이 그림에 그치는 것이 아니라 오토드로우를 보고 본인이 다시 호랑이를 그리는 시간이 가지는 것이 가장 중요하다. 그림을 현실적으로 완벽하게 그려야하는 성격을 가진 학생들이 있다. 이 학생들은 그림이 조금이라도 현실에 가깝지 않게 되면 스케치북을 찢고 새로 그리기까지 한다. 이럴 때 오토드로우가 큰 도움이 되기도 한다.

인공지능 기반 웹 사이트들이 많아지고 있다. 이를 교육에 활용할 때 효과적인 부분도 많다. 예술에서든, 어떤 과목에서든 교사가 그 프로그램들을 학습 목표에 도달할 수 있도록 잘 활용하는 것이 가장 중요할 것이다.

몇 년 전만 하더라도 수업 중에 기술을 사용한다는 것은 학생들이 컴퓨터를 배우기 위해서나 정보를 찾기 위함이었다. 하지만 코로나19로 기술은 교육에 없어서는 안 되는 존재가 되었다. 기술이 교육과 만날 때 어떤 멋진 교실이 만들어질까?

각자의 개성이 존중되는 사회가 왔다. 그리고 IT 시대에서 축적된 데이터를 바탕으로 여러 문제를 해결하는 '데이터 시대'로 넘어왔다. 사회가 변함에 따라 그 사회 속에 살고 있는 학생들도 변했다. 이전에는 모든 학생들이 똑같은 교사와 똑같은 내용을 공부했다면 이제는 이 교수법이 학생들에게 큰 도움이 되지 못한다. 각자 좋아하는 것, 잘하는 것이 너무 다양하며 부족한 부분 또한 다르기 때문이다. 이에 따른 개별화 교육이 실현되는 데 기술은 매우 큰 역할을 한다.

한 학생이 수학 문제를 100개 풀었다고 하자. 인공지능은 반복적으로 정답을 맞춘 문항은 학생이 아는 내용으로, 틀린 문항은 부족한 내용으로 분류할 수 있다. 분류된 데이터가 축적되면 부족한 내용에 대한 개념과 응용 문항을 인공지능이 추천할 수 있다. 이 단계를 바탕으로 개별화 교육이 시행되는 것이다. 교사가 20명의 학생에게 맞춤형 교육을 제공하기란 사실상 불가능하다. 하지만 교육에 기술이 도입된다면 이 문제를 해결할 수 있다.

그 예시는 알트스쿨이다. 알트스쿨은 구글의 수석 엔지니어가 설립한 대안 학교다. 데이터 기반 의사 결정 중심 학교로서 수집한 데이터를 활용해 사용자에게 더 적합한 맞춤형 서비스를 제공한다. 이를 통해 현재 교사가 할 수 있는 수준을 뛰어넘는 촘촘한 피드백과 맞춤형 학습이 가능하다. 이처럼 학생 개개인에 적합한 맞춤형 교육이 교육에서 기술로 해결해야 할 부분이라고 생각한다.

하지만 알트스쿨이 성공적인 것만은 아니다. 기술만이 가득한 교육 환경에서 학생들은 무기력을 느끼기 시작했다. 여기서 미래 교실 속 교사의 역할이 매우 중요함을 알 수 있다. 기술로 개별화 교육을 시행함에 맞춰 교사 또한 학생과 인지적 상호작용을 해야 한다. 어떤 교수 방법을 사용하고, 어떤 시점에 기술을 수업에 도입하며, 친구 간에 의견을 어떻게 나누도록 할지 등은 인간인 교사가 정해야 한다. 매체만 보며 교육을 받을수록 마음을 나눌 수 있는 토의, 토론 교육 또한 강화되어야 한다.

학생들이 행복한 미래 교실에 기술이 도입되면 개별화 교육이 가능하다는 큰 장점이 있기에 우리는 적극적으로 이를 실천해야 한다. 또한 기술 도입은 컴퓨터 관련 미래 직업을 학생들이 체험할 수 있기에 진로 교육에도 도움이 된다. 하지만 기술 발전에만 집중해서는 안된다. 대상이 '학생', 즉 '인간'이기에 더욱 조심스러워야 하고, 기술보다 '교육' 자체에 집중해야 한다. 목공실에 들어가기 전, 칼이나 톱 등 위험한 용구를 사용하는 방법을 먼저 배우듯, 미래 교실을 맞이하기 전 그와 관련된 윤리적인 내용을 교사가 함께 숙지하고 가르친다면 효과적인 미래 교실을 만들 수 있을 것이라 확신한다.

인공지능은 교사의 역할과 교실의 분위기를 바꿀 것이다. '바꾸고 있다'라는 현재 진행형을 확실히 사용할 수 있는 날도 머지않은 듯하다. 그렇다면 원래는 어땠는가 한 번 생각해 본다. 수학 과목을 예로 들자면, 교사가 기본적인 수학 개념을 설명하면 학생들은 수학 익힘책 문제를 푼다. 교사는 직접 만든 수준별 학습지 두 종류를 준비하고, 학생들은 자신의 수준(수학 익힘책 점수)에 따라 수준별 학습지를 푼다. 교사는 그 학습지를 채점한 후 학생들의 성적을 따로 적어 관리한다. 한 반의 학생 수가 5명 이하면 모를까, 30명 이상인 학급에서는 이 과정을 1년 내내 반복하는 것이 교사에게도 학생에게도 힘든 일이다.

인공지능과 함께하는 수학 수업은 어떨까? 교사는 학생들이 학습 목표에 도달할 수 있는 큰 수업 흐름을 구상한다. 수업에서 단원과 문제 수만 정하면 학생들에게 문제가 자동으로 배부된다. 그 문제 또한 난이도 및 영역(기본 계산, 사고력 등)에 따라 다양하게, 학생마다 문제가 다르게 배부된다. 학생들이 문제를 푸는 동안 교사는 해당 학생이 어떤 문제를 풀고 있는지, 어떤 답을 하고 있는지 실시간으로 확인할 수 있다. 답안이 제출되면 인공지능은 학생 개개인의 취약점을 분석해 그에 맞는 새로운 학습 자료와 문제를 제공한다. 학생들은 자신의 수준에 맞게 부족한 부분을 더 학습할 수 있다. 또한, 인공지능은 학생마다 가진 개개인의 강점을 분석해 친구끼리 설명할 수 있도록 짝을 지어줄 수 있다. 이때, 학생들은 메타 인지적 사고를 이용하여 자신이 알고 있다고 생각한 지식을 확실히 본인의 것으로 만들 수 있고 친구에게서 새로운 지식을 배우기도 한다. 인공지능은 학생들의 기록을 장기적으로 누적할 수 있기에 학습이 단발적으로 끝나지 않는다. 새로운 학년으로 진급하더라도 누적된 데이터를 활용하여 학습을 연계적으로 이어갈 수 있다. 이는 교사의 업무를 줄이고 학생 개개인의 학습적 특성을 더욱 잘 이해하는 데 도움이 된다. 인공지능을 활용한 교실에서 교사는 데이터를 참고하여 학생에게 지식을 전달하는 역할뿐만 아니라 학습 습관 관리와 학습 방법 설계에 도움을 주는 역할 또한 하게 된 것이다.

인공지능 기술이 교육에 도입되더라도 학생에게 질 좋은 지식을 전달하는 교사의 역할에는 변함이 없다. 각 수업의 학습 목표에 알맞은 동기 유발과 스토리텔링은 인간인 교사가 가장 잘할 수 있다고 생각한다. 예를 들어, 세계화와 관련한 사회 수업 시간에 듣는 선생님의 미국 여행 이야기 하나가 인공지능이 제공하는 어떤 맞춤형 자료보다 기억에 잘 남을 수 있다. 사람이 가진 경험에 대한 각자의 감정과 느낌은 사람이 가장 생생하게 전달할 수 있기 때문이다. 음악 시간에 학생들이 뮤지컬에 대해 학습한다고 가정하면, 인공지능이 각 학생에게 뮤지컬과 관련한 학습 자료를 제공하는 것보다 교사가 전 세계에서 다양한 뮤지컬을 본 경험을 신나게 이야기하는 것이 학생들에게는 더 와닿을지도 모른다.

따라서 인공지능을 이용하기만 하는 수업이 아닌 인공지능과 협업하는 수업이 반드시 필요하다. 인공지능 기술로 소외되는 학생이 없고 교사의 업무가 경감된 교실을 만드는 것은 교사가 인공지능을 어떻게 받아들이느냐에 달려 있기도 하다.

요즘 학생들은 이어폰을 끼고 인공지능이 추천하는(소위 '유튜브 알고리즘'에 뜨는) 감성적인 노래나 랩을 즐겨 듣는다. 친구들과 SNS에서 본 맛집에 가서 사진을 여러 장 찍는다. 아까 들은 음악과 맛집에서 찍은 사진으로 영상을 만들어 본인의 SNS 계정에 올린다. 친구들의 댓글에 답글을 단다. '나'의 SNS 계정은 '나'의 사진과 영상들이 모여 '나'를 드러낸다. 즉, 학생들은 아날로그적 감성과 경험을 디지털로 공유하는 것이 일상인 시대에 사는 것이다.

시대가 변하는 만큼, 가정과 교실 환경도 바뀌어야 한다. 가정이나 교실에서는 매 학습을 다양한 방법으로 기록해 학생들과 그 내용을 공유하면 좋다. '나'의 SNS가 존재하듯, '우리'의 학습 데이터를 만드는 것이다. 무엇을 공부했고, 무엇을 느꼈는지 한 공간에 기록을 해 두면 후속 학습을 할 때 큰 도움이 된다. 학습 기록은 구글 클래스룸, 패들렛과 같은 공유 플랫폼을 이용하면 된다.

패들렛을 통해 공유한 학습 기록

학생들 또한 각자의 공유 플랫폼에 직접 학습 과정을 모두 차시 순서로 기록하고, 단원의 마지막 차시에는 학생들과 가볍게, 때론 진지하게 수업 기록을 보며 소통하는 시간을 많이 가지면 좋다. 이는 가정에서도 똑같이 적용된다.

'스마트 기기는 언제부터 사용하도록 하면 좋을까요?'라는 질문을 종종 받고 한다. 종이와 연필 대신 스마트 기기와 스마트 펜이 점점 더 익숙해질 이 사회에서 초등학교 중학년부터 소프트웨어 교육이 필요하다고 생각한다. 여기서 소프트웨어 교육이란 스마트 기기를 손에 쥐어 주고 게임만 하도록 하는 것이 아니다. 게임을 좋아한다면 엔트리 또는 마인크래프트 등으로 자신만의 게임을 만들어 보기도 하고, 그림을 좋아한다면 스마트 기기 내 스케치북으로 일러스트를 그려 보게 하는 것이다. 스마트 기기에 일찍 노출되는 것이 꼭 나쁜 것은 아니다. 본 책에서 계속 강조하는 사고, 창조, 나눔의 과정은 일찍 경험하면 할수록 미래 사회에 적응하는 데 유익하다.

기술이 발전하는 만큼 독서의 중요성은 나날이 커질 것이다. 창의적인 아이디어와 사고는 책에서 비롯되는 경우가 많기 때문이다. 책도 하나의 메타버스라고 생각한다. 경험하지 못한 세상, 가볼 수 없는 곳들을 책 속에서 모두 경험하며 거기서 나오는 다양한 생각을 자주 표현해 보면 좋다. 앞서 설명했던 인공지능 그림 도구도 좋고, 메타버스를 만들어도 좋다. 어떤 방식으로든 계속 생각하고 표현하는 것이다.

인공지능 시대, 각자의 개성이 더욱 존중받는 시대가 올 것이다. 물건도, 사용하는 프로그램도 사용자의 특성에 맞게 더욱 다양해질 것이다. 교육 또한 학생 각자의 특성에 맞게 제공되어야 한다. 교육 공동체는 학생들이 자신의 멋진 꿈을 더 자유롭게 펼칠 수 있도록 기술의 발달을 어떻게 이용할 수 있을지 항상 고민하고 또 고민해야 할 것이다.

AI 프로젝트 수업으로 '행복'한 우리

본 책의 마무리는 SM엔터테인먼트의 걸그룹 '에스파'로 시작하려한다. 에스파의 멤버들은 각자 자신의 ae(아이)가 있다. ae는 디지털 세상 속에 쌓인 멤버별 데이터로 만들어진 또 다른 자신이다. 나와 완전히 같다고 말할 수도 있으면서도, 그렇지 못한 부분도 있다. 디지털 세상 속 우리는 현실 세상의 우리와 다를 수도 있기 때문이다. 각자의 ae가 존재한다는 것이 에스파의 세계관에만 국한된 것은 아니다. 우리 또한 디지털 세상 속에 인공지능과 데이터로 만들어진 하나의 프로필을 가지고 있기 때문이다. 예를 들어, 요즘 바다 여행과 관련한 검색을 많이 하였다면, 그 관련 쇼핑 상품 추천이 각종 사이트에 자동으로 뜨는 것을 볼 수 있다. 이럴 때 우리는 '알고리즘'이라는 단어를 사용하며, 여러 사이트에서 추적하고 축적된 우리의 데이터를 바탕으로 만들어진 것이다. 디지털 세상 속 우리는 어떤 모습인지 한번 살펴보자.

[디지털 세상에 쌓인 나의 데이터 확인하는 방법]

1) 구글에 로그인한 후, '내 광고 센터'에 접속한다.

2) 개인 정보 보호 관리 메뉴를 누른다.

3) 구글 계정 정보 및 광고 게재에 사용되는 카테고리를 살펴본다.

나의 결혼 여부부터 소득, 학위, 업종, 주택 소유 여부, 육아 여부 등이 나의 구글 활동을 기반으로 예측되어 있으며, 대부분 정확한 것으로 보인다. 광고 맞춤 설정 메뉴에 들어가도 내가 최근에 어떤 주제에 관심이 많았는지 알 수 있다. 구글에 접속하지 않고 인스타그램에만 들어가 보아도 올린 사진과 추천 광고의 종류로 디지털 세상 속 나는 어떤 모습인지 생각해 볼 수 있기도 하다. 챗GPT와 같은 생성형 AI 또한 나의 질문 데이터가 쌓일수록 더 질 좋은 결과를 도출할 수 있다. 나만의 챗봇이 생기는 것이다. 이는 디지털 기기만 사용한다면 초등학생에게도, 할아버지, 할머니에게도 똑같이 적용된다. 나만의 데이터가 생긴다는 것은 나의 개성이 중요시된다는 것이고, 요즘 '개인형', '맞춤형', '브랜딩'이라는 단어가 많이 쓰이고 있는 이유가 되기도 한다. 따라서 우리는 '나'에 집중해야 한다. 나는 어떤 사람인지, 좋아하는 것은 무엇인지, 내가 느끼는 '행복'은 무엇인지 생각해야 한다. 그 생각을 바탕으로 나의 아이디어와 도전이 세상을 어떤 방향으로 환히 비출 수 있을지 고민해야 한다.

행복의 가장 중요한 요소인 자유와 관련하여 존 스튜어트 밀은 《자유론》에서 다음과 같은 말을 한다.

"인간이 불완전한 동안에는 서로 다른 다양한 의견들이 존재하는 것이 유익한 것과 마찬가지로 서로 다른 다양한 삶의 실험들이 존재하는 것이 유익하다. 다른 사람들에게 해악이 되지 않는 한 사람들이 다양한 개성들을 자유롭게 펼칠 수 있어야 한다. 사람들이 각자가 시도해 볼 만한 것이라고 생각하는 서로 다른 생활방식의 가치를 실천적으로 자유롭게 증명해 보일 수 있어야 한다. 요컨대 다른 사람들에게 직접적으로 피해를 끼치지 않는 일들에서는 개성을 마음껏 발휘할 수 있게 하는 것이 바람직하다는 말이다."[*]

교육의 방향도 마찬가지이다. 학생 각자의 특성이 담긴 수업이 만들어져야 한다. 스스로 자신과 세상을 탐구하고, 질문을 만들어가며, 그 질문에 대한 창의적인 답을 찾아야 한다. 학생들이 배운 지식이 수업안에서만 끝나는 것이 아니라 실생활로 확장되어야 한다. 지식은 개인의 경험에 따라 상대적인 가치를 지니고 있으며 끊임없이 재구성된다. 학교에서 배운 지식이 자신의 삶과 연결된다면 또 다른 창의적인 아이디어를 생산할 수 있다. 같은 것을 보고도 다른 생각을 할 수 있기에 혼자 답을 찾는 데서 끝나는 것이 아닌 그 과정과 결과를 타인과 공유하며 끊임없는 토의·토론으로 더 나은 답을 찾기 위해

[*]   존 스튜어트 밀, 박문재 역, 《자유론》, 현대지성, 2018.

노력해야 한다. 여기서 더 나은 답이란 모두가 더 행복한, 지속 가능한 사회를 만들 수 있는 방향을 의미한다.

이를 위해 교육 현장에 4차 산업혁명 기술과 프로그래밍 교육, 그리고 프로젝트 수업이 합쳐진 'AI 프로젝트 수업'이 꼭 필요하다. 자기주도성과 창의와 혁신, 그리고 포용성과 시민성을 바탕으로 행복한 교실을 볼 수 있기 때문이다. 물론 처음은 어려울 수 있다. 하지만 생각보다 잘 따라오는, 오히려 자신만의 프로그램을 잘 만드는 학생들을 곧 보게 될 것이다. 교과서에 인쇄된 캐릭터와 글만 보던 학생들은 스스로 프로그램의 캐릭터를 정하는 것부터 큰 흥미를 느낀다. 자신의 상상이 프로그램에서 실현되는 과정을 겪고 나면, 문제 해결 방법에 '인공지능'과 '프로그래밍'이 추가된다. 프로그램 공유와 토의 과정을 무한히 반복하며 프로그램은 더욱 발전하고 작은 범위에서는 나 또는 친구들에게 도움이 되는, 넓은 범위에서는 사회에 도움이 되는 프로그램을 고민하기 시작한다.

AI 프로젝트 수업을 통해 학생들은 공부를 즐긴다. 교과서 속 내용이 자신의 삶과 연결되어 있다는 것을 깨달았기 때문이다. 또한, 한 분야의 지식을 다양한 관점에서 바라본다. 영상을 제작하더라도 세계 여러 나라의 사람이 내용을 이해할 방법을 생각해보고, 소수의 입장도 배려할 방안을 모색한다. 마지막으로, 혼자 고민하지 않는다. 친구의 생각을 들어보며 공감을 실천하고, 그 내용을 바탕으로 자신의 입맛에 맞게 아이디어를 보완한다. 학생들도, 교사도 즐겁고 행복한 수업이다.

AI 프로젝트 수업에서 선행되어야 할 중요 요소가 있다. 학생이 자신의 빛을 표현하고 나눌 수 있는 환경을 만들기 위해 우선 교사가 자신에 대해 잘 알고 행복해야 한다는 것이다. 교사가 자신을 잘 알아야 학생들의 개성도 살릴 수 있기 때문이다. 학교와 사회는 교사와 학생이 모두 행복할 수 있는 환경을 조성하기 위해 노력해야 한다. 학부모 또한 마찬가지이다. 가정에서 부모가 행복해야 아이에게도 행복을 가르칠 수 있다. 교육에서 어른의 힘이 중요한 이유이다.

4차 산업혁명 기술이 발전하며 사회가 빠른 속도로 변하고 있다. 인공지능 교과서 도입이 뉴스의 한 면을 차지하고, 2022 개정 교육과정에서는 정보 수업의 시수를 확대하는 등 교육도 이에 맞춰 변화를 추구하고 있다. 이 변화를 함께할 수 있도록 AI 프로젝트 수업을 꼭 시도해 보길 바란다. 학생도, 교사도, 가정도 행복한 미래 교육이 가능할 것이라 확신한다.

프로그래밍을 막연히 어려워하는 학생들을 위해 매년 꼭 하는 프로젝트 수업이 있다. 우리는 그 수업을 '거대 피아노 프로젝트 수업'이라 부른다. 본 수업은 인공지능과는 관련이 없지만, 학생들이 컴퓨터 프로그래밍뿐만 아니라, 피지컬 컴퓨팅과 메이커 활동에 흥미를 가질 수 있다는 점에서 소개하려 한다. 거대 피아노 프로젝트 수업을 설명하기에 앞서, 가장 핵심이 되는 교구인 '메이키메이키(MakeyMakey)'에 대해 먼저 설명하려고 한다.

메이키메이키는 전류가 흐르고 USB로 컴퓨터에 연결하였을 때 키보드와 같은 역할을 한다. 따라서 만든 프로그램과 다양한 생활 속 재료를 연결하기에 용이하다. 예를 들어, 게임 프로그램을 작동시키기 위하여 종이에 연필로 게임기를 그린 후, 연필로 그린 부분을 누르면 게임을 할 수 있다. 연필의 흑심 부분도 전기가 통하기 때문이다.

연필 그림 대신 전기가 통하는 모든 물체를 연결하면 프로그램을 재밌게 작동시킬 수 있다. 바나나, 젤리 등 학생들이 일상에서 자주 접하는 물체를 수업에 접목하면 더 흥미로운 시간이 될 수 있다. 메이키메이키 공식 홈페이지에 다양한 무료 프로그램이 제공되기 때문에 프로그램 개발이 어려운 초등학교 1~2학년 학생들도 쉽게 체험해 볼 수 있다.

또한, 전도성과 관련한 과학 단원에서 메이키메이키와 다양한 물체를 연결해보며 어떤 물체에 전류가 흐르는지 실험을 해 볼 수도 있다. 과학 교과의 탐구 단원(과학자는 어떻게 탐구할까요?)에서 학급 탐구 질문을 '발로 밟는 피아노를 만드는 방법은 무엇일까?'로 정해 수업할 수도 있다.

[1차시: 종이 피아노를 통해 메이키메이키의 원리 이해하기]

메이키메이키로 종이 피아노를 만드는 방법은 다음과 같다.

1) 종이에 연필로 계이름 '도'부터 '솔'까지 피아노 건반을 그린다. 이때, 각 건반의 아랫부분을 연필로 진하게 칠한다. 연필로 칠한 부분은 이후 메이키메이키의 악어 클립과 연결할 것이기 때문에 전류가 흐를 수 있도록 작은 부분이라도 꼼꼼하게 칠하는 것이 중요하다.

2) 메이키메이키를 종이 피아노의 각 건반과 연결한다. 메이키메이키 공식 홈페이지에 있는 피아노 프로그램의 화살표 방향에 맞게 연결하는 것이 좋다.

피아노 건반 연결 방법

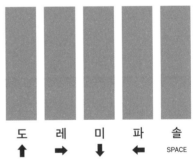

3) 메이키메이키를 컴퓨터에 연결한 후 피아노 프로그램으로 종이

피아노를 작동시켜본다. 종이 피아노에 서 연필로 색칠한 부분을 누르면 각 계 이름이 소리 나는 것을 체험할 수 있다. 연필의 흑심 부분이 전기가 통하기 때 문에 소리가 난다는 것을 학생들에게 알려주어야 한다.

메이키메이키로 만든 피아노

종이 피아노를 만들어봄으로써 학생들은 메이키메이키의 사용 방법과 원리를 이해할 수 있다.

[2차시: 메이키메이키를 통해 전도성이 있는 물체의 특징 탐구하기]
우리 주변에서 볼 수 있는 물체 중 어떤 물체가 메이키메이키를 통 해 컴퓨터 프로그램을 작동시킬 수 있는지 생각해 본다. 예상한 물체 가 전도성이 있는지 실험해 보며 전도성이 있는 물체들끼리, 전도성 이 없는 물체들끼리 묶어본다. 모둠별로 전도성이 있는 물체들의 특 징에는 무엇이 있는지 토의한다. 금속이 아닌 바나나와 젤리는 어떻 게 전기가 통하는지도 탐구해 본다.

[3차시: 엔트리로 피아노 프로그램 만들기]
앞서 메이키메이키 공식 홈페이지에서 제공되는 피아노 프로그램 만 사용해 보았다면, 이번에는 직접 피아노 프로그램을 만들어 볼 차 례이다. 프로그래밍을 경험해 본 적이 없더라도 전혀 어렵지 않다. 코드가 매우 단순하기 때문이다.

예를 들어, 계이름 '도' 건반의 경우 왼쪽 화살표 키를 눌러야 소리
가 난다. 여기서 필요한 블록은 두 개뿐이다.

내용	블록
왼쪽 화살표 키를 누르면	 왼쪽 화살표▼ 키를 눌렀을 때
계이름 '도' 소리가 난다	소리 피아노 04_도▼ 재생하기

프로그램에서 사용하는 엔트리 핵심 블록

계이름 '레'부터 '솔'까지도 똑같은 원리로 만들면 된다.

배경과 오브젝트의 경우 학생들이 자유롭게 정하도록 한다. 대신
헷갈리지 않게 글상자를 사용하여 각 오브젝트가 어떤 음을 소리 내
는지 알 수 있도록 한다.

다음은 피아노 프로그램의 예시 화면과 계이름 '도'를 연주하는 코
드이다.

엔트리 프로그램 화면 예시

174

피아노 프로그램 코드 예시

[4차시: 음악을 접목한 시설 조사하기]

우리 주변에 음악으로 아름다움을 더한 시설은 어떤 곳이 있는지 조사해본다. 정기적으로 음악회를 여는 지하철역도 있고, 누구나 지나가며 칠 수 있는 피아노가 있는 거리도 있다. 거대한 스피커를 설치하여 음악으로 공간을 가득 채운 카페도 있다. 더 폭넓은 조사를 위해 영화 〈빅〉의 일부를 함께 시청하기도 한다. 영화 속 주인공들이 거리에서 바닥 피아노를 연주하는 장면이 있다. 그때 연주하는 곡이 애플사의 광고 음악이기도 하여 학생들의 흥미를 돋우기도 한다. 기술을 활용하여 음악을 체험할 수 있는 시설에는 무엇이 있는지도 조사해보도록 한다.

[5~7차시: 거대 피아노 제작하기]

LED 디스플레이 없이 발로 연주하는 거대한 피아노를 만들 수 있을지 학생들에게 물어보았다. 학생들은 우리 몸에 전류가 흐른다는 것도 알고 있고, 종이 피아노를 만들어 본 경험이 있어서 그런지 "자신 있어요!"라고 답하였다.

학급 회의를 통해 준비물과 만드는 과정을 논의하였고, 각자 역할을 담당하여 거대 피아노를 만들기 시작하였다. 거대 피아노를 만드는 과정은 다음과 같다.

왼쪽 위부터 시계 방향으로 1), 2), 3), 4)

1) 우드락을 거대 피아노의 크기만큼 여러 장 이어 붙인다.

2) 우드락 위에 피아노 건반을 마분지로 꾸민다.

3) 각 건반의 계이름을 붙인다.

4) 각 건반 위에 전기가 통하는 구리 테이프를 붙인다. 구리 테이프
   는 날카로우므로 반드시 장갑을 착용해야 한다.

5) 메이키메이키와 컴퓨터, 그리고 만든 거대 피아노를 악어 클립 케
   이블로 연결하면 완성이다.

학생들은 거대 피아노를 '내 발 안의 피아노'라고 이름 붙였다. 그후, 전교생이 체험해 볼 수 있도록 거대 피아노를 학교 메이커 전시회 기간에 중앙현관에 설치하였다. 거대 피아노 뒤에는 사용 방법, 주의 사항, 원리, 악보 등을 작성한 안내장도 같이 붙여 이해를 도울 수 있도록 하였다.

본 체험 부스를 통해 학생들은 지식 나눔을 실천할 수 있었다. 반 친구들과 함께 땀 흘리며 열심히 만든 작품이기에 더 열정적으로 사용 방법을 설명하였고, 다른 반 학생들 또한 재미있는 체험을 통해 과학적 원리를 이해할 수 있었다.

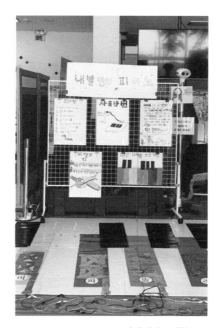

거대 피아노 체험 부스

순서도는 자신이 만들 프로그램의 알고리즘을 표현하는 수단이기도 하지만, 다른 사람이 보고 참고할 수도 있어야 한다. 독창성과 창의력만큼 나눔과 공유가 중요하기 때문에 공통된 약속으로 순서도를 작성해서 누구든 순서도를 보면 내용을 이해할 수 있게 해야 한다. 순서도 작성 방법은 처음에 잘 익혀두면 어렵지 않다.

[시작과 끝]

프로그램은 반드시 시작과 끝이 있어야 한다. 스마트폰 앱을 사용할 때에도 아이콘을 누르며 앱을 켜고, 다양한 방법으로 앱을 닫는다. 따라서 시작과 끝이 없는 순서도는 완성되지 못한 것이다. 시작과 끝은 다음과 같이 표현한다.

시작　　　　　　　　　끝

[흐름선]

코드와 코드 사이를 연결할 때에는 흐름선을 사용한다. 코드와 코드 사이에 흐름선이 없다면 코드가 연결되지 않은 것이다. 따라서 흐름선을 빠트린 순서도는 완성된 것이 아니다. 흐름선의 모양은 다음과 같다.

흐름선

[처리]

'10만큼 움직이기', '90도만큼 회전하기' 등의 명령 처리 과정은 다음과 같이 직사각형으로 표현한다.

명령 처리

[데이터의 입력과 출력]

사용자가 키오스크 프로그램에 메뉴를 입력하면, 프로그램은 '당신은 {메뉴}를 주문하였습니다.' 를 출력하는 것처럼, 사용자의 입력에 따라 프로그램에 출력 과정이 있는 경우, 다음과 같이 표현한다.

입력   **출력**

[선택 구조]

상처의 사진을 찍었을 때 상처의 종류에 따라 응급처치 방법을 설명하는 프로그램에서 상처 인식 결과가 자상일 경우, 자상의 응급 처치 방법을 설명한다. '만약 ~일 경우'와 같은 선택 구조가 포함된 프로그램의 경우 다음과 같이 표현한다.

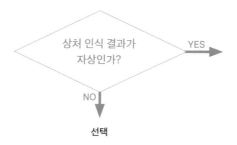

선택

[반복 구조]

　보통 '~번 반복하기'와 같은 반복 구조는 왼쪽과 같이 표현한다. 하지만 엔트리와 같은 블록형 프로그래밍 언어를 이용하는 경우 왼쪽과 같은 순서도를 사용하기 어렵다. 반복 구조 블록의 경우 다른 블록들을 품는 방식으로 표현되기 때문에 오른쪽과 같이 표현하는 것이 학습에 도움이 된다.

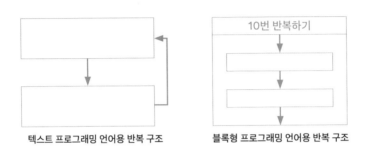

텍스트 프로그래밍 언어용 반복 구조　　　　블록형 프로그래밍 언어용 반복 구조

[변수 설정]

　프로그램에서 변수, 신호 등을 설정할 수 있다. 엔트리의 경우 '속성' 메뉴에서 설정할 수 있다.

엔트리의 속성 메뉴

180

이처럼 프로그램에서 변수를 설정하는 경우, 변수의 내용을 다음과 같이 표현한다.

변수 = 주문 메뉴
신호 = 주문 완료

변수 내용

순서도를 작성할 때 주의할 점이 있다. 한 프로그램에 사용되는 오브젝트가 다양할 수 있다. 오브젝트의 이름을 먼저 적은 후, 그 오브젝트에 대한 순서도를 그릴 수 있어야 한다. 예를 들면 다음과 같다.

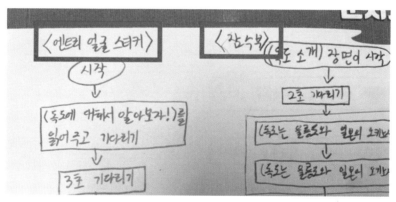

순서도 상단의 오브젝트 이름

앞서 소개한 기호를 모두 사용한 프로그램의 순서도는 다음과 같다.

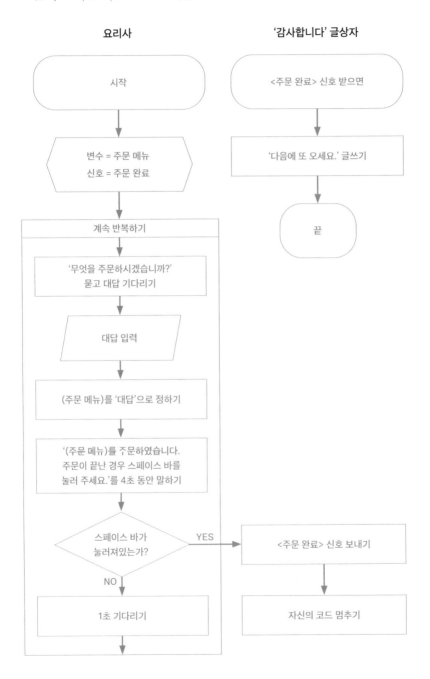

순서도를 엔트리 프로그램 코드로 바꾸면 다음과 같다.

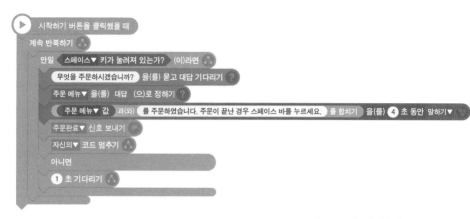

요리사 오브젝트에 사용된 코드

'감사합니다' 글 상자에 사용된 코드 예시

순서도 작성은 컴퓨팅 사고력 향상의 기본이다. 프로그램을 바로 만들 수도 있지만, 순서도로 프로그램의 전체적인 알고리즘을 설계한 후 프로그래밍 언어로 프로그램을 개발하는 습관을 지니도록 지도해야 한다.

인공지능 수업 혁명

초등 프로젝트 수업으로 만나는 AI 교육

초판 1쇄 발행 2023년 8월 18일

지은이 신정
펴낸이 박영미
펴낸곳 포르체

책임편집 김다예
편집팀장 임혜원 | 편집 김성아
책임마케팅 김현중 | 마케팅 김채원
디자인 황규성

출판신고 2020년 7월 20일 제2020-000103호
전화 02-6083-0128 | 팩스 02-6008-0126
이메일 porchetogo@gmail.com
포스트 https://m.post.naver.com/porche_book
인스타그램 www.instagram.com/porche_book

여러분의 소중한 원고를 보내주세요.
porchetogo@gmail.com